DER KÖNIG DER LÖWEN
SLOWY 12VINCE
SZENARIO KAOS
SUPRA
PFAND GEHÖRT DANEBEN
GRAF ITTY?

ANKERHERZ

FELLHERZ

ST. PAULI

DEUTSCHLANDS BUNTESTER KIEZ –
21 GESCHICHTEN FREI SCHNAUZE

FELLHERZ ST. PAULI

Deutschlands buntester Kiez –
21 Geschichten frei Schnauze

Originalausgabe, April 2017

Texte: Simone Buchholz, Hamburg
Text „Großstadtlöwe“: Olaf Kanter, Hamburg
Fotos: Debra Bardowicks, Hamburg
Fotos „Großstadtlöwe“: Julia Marie Werner/Platnum
Fotocollagen: Daniela Greven, Berlin
Illustration: Hans Baltzer, Berlin

Gestaltung: Daniela Greven, Berlin
Lektorat: Olaf Kanter, Hamburg
Korrektorat: Ina Serif, Basel
Herstellung und Satz: Peter Löffelholz, Berlin

Druck und Bindung: Friedrich Pustet, Regensburg
Gedruckt auf FSC-zertifiziertem, holz- und säurefreiem Papier
der Firma Munkedals, Schweden.
Printed in Germany.

Bibliografische Informationen der Deutschen Nationalbibliothek:
Die Deutsche Nationalbibliothek verzeichnet diese Publikation
in der Deutschen Nationalbibliografie; detaillierte bibliografische
Angaben sind im Internet unter http://d-nb.de abrufbar.

Ankerherz Verlag GmbH, Hollenstedt
info@ankerherz.de
www.ankerherz.de
ISBN: 978-3-945877-09-8

I KEEP A CLOSE WATCH ON THIS HEART OF MINE,
I KEEP MY EYES WIDE OPEN ALL THE TIME,
I KEEP THE ENDS OUT FOR THE TIE THAT BINDS,
BECAUSE YOU'RE MINE, I WALK THE LINE.

Johnny Cash

INHALT

AN DER ELBE

mburg.

NILS HÜTTMANN, 48
MANUELA HÜTTMANN, 47
BOOTSMANN, 1
BOLONKA SVETNA

KIELHOLEN FÜR AMATEURE

NILS UND ELA, BEIDE GELERNTE BINNENSCHIFFER, haben sich auf einer Barkasse im Hamburger Hafen kennengelernt. Nach nur fünf Tagen wollte Käpten Nils seine Matrosin heiraten. Bootsmann, der Schiffshund, kam später dazu. Der kleine Kerl hat eine extrem wichtige Aufgabe an Bord.

Ein Wind weht von Süd
und zieht mich hinaus auf See,
mein Kind, sei nicht traurig,
tut auch der Abschied weh …

Nils ist der Kapitän, Ela ist die Steuerfrau, Bootsmann ist der Hund, „Klein-Erna" ist die Barkasse.

Mein Herz geht an Bord,
und fort muss die Reise gehen,
dein Schmerz wird vergehn,
und schön wird das Wiedersehn …

Nils ist gelernter Binnenschiffer, aber erst seit fünf, sechs Jahren ist er wieder auf dem Schiff. Vorher war er 20 Jahre im Lebensmittelgroßhandel. Dann, als er mit einem Kumpel in der Kneipe saß, kam die Idee, noch mal an Bord zu gehen. Er hat als Steward angefangen, als Decksmann gearbeitet, dann Passagieren den Hamburger Hafen erklärt und schließlich das Kapitänspatent gemacht.

Jetzt sitzt er in einem Jungstraum von Steuerhaus und schippert Hunderte von Leuten durch den manchmal tückischen Gezeitenstrom der Elbe. Er ist der Kümmerer in Chief und herrscht über diverse Kameras, Radargeräte, riesige Scheibenwischer, drei Funkgeräte, jede Menge Drehzahlmesser und gefühlte 500 Knöpfe.

Mich trägt die Sehnsucht fort,
in die blaue Ferne,
unter mir Meer,
und über mir Nacht und Sterne.

KLEIN ERNA
SWISS RADAR
JFS 364 C

Vor mir die Welt,
so treibt mich der Wind des Lebens,
wein nicht, mein Kind,
die Tränen, die sind vergebens …

Manuela, die alle nur Ela nennen, fährt in der sechsten Generation zur See. Ihr Vater war Chefmaschinist auf den großen Schiffen, als Kind durfte Ela oft mit, aber dann wurde sie seekrank. Mein Gott, was macht man da? Ela hat eine Ausbildung in der Binnenschifffahrt gemacht. Sie ist gelernte Matrosin. Dann arbeitete sie als Decksfrau, als Bootsfrau, jetzt ist sie Steuerfrau. Das Kapitänspatent will sie nicht haben. Zu viel Verantwortung. Ela hat drei Kinder und sogar schon zwei Enkel, das reicht ja an Verantwortung für so ein junges Ding.

Auf Matrosen, ohé!
Einmal muss es vorbei sein,
nur Erinnerung an Stunden der Liebe,
bleibt noch an Land zurück.

Kennengelernt haben sich Nils und Ela vor drei Jahren, auf der „Otto Abicht". Er war Käpt'n, sie Decksfrau.
Nach fünf Tagen wollte er sie heiraten. Ein paar Monate hat er warten müssen, dann hat's geklappt. Die beiden sind auf einer Barkasse getraut worden, direkt vorm Wasserschloss in der Speicherstadt.

Statt Eheringen tragen sie winzige Tätowierungen.
„Ela" und „Nils", jeweils in Schreibschrift auf dem Ringfinger. Eheringe wären zu gefährlich, da könnte man an den Schiffstauen mit hängen bleiben und sich verletzen.

Nils und Ela stehen gemeinsam an den Landungsbrücken und winken die Touristen aufs Schiff. Als wären sie zwei Koberer auf der Reeperbahn. Aber kobern darf man hier unten am Wasser nicht sagen. Es heißt: „clerken". Das hat der Chef der Reederei so schon mal vor Gericht zu Protokoll gegeben, und damit ist es ja offiziell. Auch wenn es für die Kundschaft nun wirklich keinen Unterschied macht. Die Leute lassen sich von Ela und Nils „clerken" wie die Wahnsinnigen, die „Klein-Erna" ist in Nullkommanix voll besetzt.

Bevor es losgeht, wettet Ela immer mit Claus, dem Steward: mehr oder weniger als hundert? Passagiere natürlich. Der Gewinner bekommt eine Currywurst am Imbiss an den Landungsbrücken. Eine Brückenwurst.

Seemanns Braut ist die See,
und nur ihr kann er treu sein,
wenn der Sturmwind sein Lied singt,
schon winkt mir
der großen Freiheit Glück …

Wenn Ela „die Hafenerklärung macht", das heißt, wenn sie den Gästen auf der Barkasse erklärt, wo sie gerade langfahren und warum, ist das elegant, smart und hat immer ein bisschen was von Flaschenpost: „Willst du deinen Sohn noch retten, schick ihm Schnaps und Zigaretten."

Links und rechts zischen währenddessen die Lotsenboote vorbei, als wäre Regatta. Das machen die, weil sie so wenig Zeit haben. Weil sie Nachwuchsprobleme haben und nur noch so wenige sind. Jede vierte Stelle ist unbesetzt. Und bei den neuen Riesenfrachtern brauchen sie heute sogar zwei Lotsen auf der Brücke, einer allein genügt nicht,

um alles im Blick zu behalten, was den Personalengpass noch mal verschärft.

Also schnell rauf mit dem Elblotsen, schnell runter mit dem Hafenlotsen. Rüber über den Fluss, ran an den nächsten Dampfer, wieder raus auf die Elbe. Vollgas, immer große Bugwelle. Lotsenbootballett.

Ela und Nils haben zusammen vier Kinder und drei Enkel. Im Sommer wohnen sie auf der „Susi", ihrer privaten Barkasse, die in Elmshorn am Hafen liegt. Sie sind Wassermenschen. Nur wenn es kalt wird, ziehen sie um in ihr Winterquartier, eine kleine Wohnung mit eineinhalb Zimmern. Da sind sie eingezogen, als die jüngste Tochter aus dem Haus war. Und da wollte Ela wieder ein Baby. So kam Bootsmann zu ihnen.

Wie blau ist das Meer,
wie groß kann der Himmel sein?
Ich schau hoch vom Mastkorb,
weit in die Welt hinein.

Nach vorn geht mein Blick,
zurück darf kein Seemann schauen,
Kap Horn liegt auf Lee,
jetzt heißt es auf Gott vertrauen …

Bootsmann ist gelernter Schiffshund, von klein auf ist er auf der „Klein-Erna" mitgefahren. Er hat ein Körbchen im Steuerraum und zwei Schüsseln mit Futter und Leckerlis und Wasser und ein paar kleine Spielsachen. Bootsmann ist ein kleiner Hund, er hat kleine Spielsachen. Ein paar Taue mit Knoten drin.

Bootsmann ist ein Bolonka Svetna, was im Russischen so viel wie „buntes Schoßhündchen" heißt. Französische Adlige sollen den Zwerghund vor dreihundert Jahren oder so als Gastgeschenk mit nach Russland gebracht haben, auch Zarin Katharina die Große hatte einen. Angeblich wurden die Bolonkas ursprünglich zum Füßewärmen gezüchtet.

Genau so einen haben Ela und Nils gesucht: einen kleinen, niedlichen Hund, der nicht haart und nicht viel bellt.

Genau so einen haben sie bekommen. Alle sind glücklich, so wie es ist.

Bootsmanns Zuhause ist vorne beim Kapitän. Er darf bis zur verchromten Schwelle des Steuerraums, raus nur mit einem extra Kommando.

Seemann gib Acht,
denn strahlt auch als Gruß des Friedens
hell durch die Nacht
das leuchtende Kreuz des Südens.

Schroff ist ein Riff,
und schnell geht ein Schiff zugrunde,
früh oder spät schlägt
jedem von uns die Stunde.

Nils steuert die Barkasse SEHR nah an einem SEHR großen Containerfrachter vorbei, im Grunde steuert er sie fast unter dem Riesen durch. Die Passagiere machen: „Oh!" Und: „Ah!" Es ist ein bisschen wie Kielholen für Amateure.

An einer besonders engen, kniffligen Ecke angekommen ruft Nils zu Ela: „Ich schmeiß' ihn rum!"
Dann wendet er den Kahn.

BOJAN SOKOLOVIC, 44
WESLEY, 13
BRIGITTE, 8
SPRINGER SPANIELS

MUPPET SHOW, ABER SO RICHTIG

DIE ERSTEN JAHRE WAR WESLEY ALLEIN, aber dann sagte Bojan: Du bist so ein geiler Typ, du brauchst mal eine Frau. So kam Brigitte dazu. Und die hat gleich mal für richtig Alarm gesorgt.

Das Café Geyer am Hein-Köllisch-Platz ist seit Jahrzehnten ein heiß geliebter Treffpunkt im südlichen St. Pauli. Im Frühling kann man unter den Kirschbäumen tanzen, und wenn ein bisschen Wind kommt, regnet es rosa Blütenblätter. Im Sommer kann man ewig auf der Geyer-Terrasse sitzen, die auf den ganzen Platz ausufert. Im Herbst gibt es dicken Kuchen, im Winter heißen Kaffee.

Seit zehn Jahren gibt es da auch Bojan und Wesley, Brigitte kam vor acht Jahren dazu. Wesley und Brigitte liegen im Eingang, und sie liegen nebeneinander und aufeinander und übereinander, als wäre es vollkommen normal, zu zweit nur einen Körper zu haben, und als wäre es vielmehr bescheuert, nicht aneinandergeklebt durchs Leben zu gehen, wenn man doch schon zusammen lebt.

Wesley und Brigitte sind dermaßen aufeinander gepolt, sie bewegen sogar die Köpfe synchron. Dabei hat Wesley etwas Gesetztes, Erhabenes, ein Typ wie Sir Peter Ustinov. Brigitte schaut eher verächtlich auf die Welt, sie umgibt ein bardothafter Hauch.

Die beiden sind ein Pärchen, sie sind auch Eltern, aber die Kinder sind aus dem Haus (das macht es so gemütlich). Sechs Kinder haben sie bekommen, gut in der Stadt verteilt. Eins ist bei Hummer-Petersen am Fischmarkt. Eins wohnt am Paulinenplatz. Eins ist bei jemandem aus dem FC-St.-Pauli-Umfeld, eins in Finkenwerder, eins in Eppendorf – und eins ist nach Rostock gegangen, aber auch das ist offensichtlich okay für Wesley und Brigitte, so wie auch alles andere okay geregelt zu sein scheint: Sie darf an sein Essen, er aber nicht an ihres.

Hamburger Abendblatt

Die ersten paar Jahre war Wesley allein bei Bojan, aber der hat ihn eines Tages angeguckt und gesagt: „Wesley. Du bist so ein geiler Typ. Du brauchst mal eine Frau in deinem Leben."

Dann hat er Wesleys Züchterin angerufen, ist hingefahren und hat Brigitte mitgenommen. Bojans Familie hat Englische Springer Spaniel, seit er denken kann. Springer Spaniel sind etwas größer und wirken wie eine Edelversion des gewöhnlichen Cocker Spaniels. Sie wurden als Jagdhunde gezüchtet, die ins Gebüsch springen und dort die Fasane aufscheuchen sollten. Ohne Jagd, Gebüsch und Fasane hat ein wuscheliger, springender Hund natürlich schnell was von Muppet Show, was aber auch irgendwie toll ist.

Einmal war richtig Muppet Show: als Brigitte in die Elbe gefallen ist. Bei minus 18 Grad. Da war sie noch klein, Bojan ist mit Wesley und ihr an der Fischauktionshalle spazieren gegangen, und sie ist ausgerutscht und weggeschlittert und zack, war sie drin.

Bojan hat sich ausgezogen, ist die Leitern runter und ins eisige Wasser. Aber die Strömung ist stark im Hafen, sie hat den Hund von ihm weggezogen, mit den Eisschollen, die auf der Elbe schwammen. Irgendwann hat er Brigitte erwischt, Riesenglück gehabt. Am Ufer hatte sich inzwischen eine Menschenkette gebildet, um ihn und Brigitte rauszuziehen.

Als die Polizei kam, waren alle ziemlich aufgeregt und durcheinander, auch die Polizei. Erst wollten sie zum Tierarzt fahren, aber dann sind sie wieder umgedreht: „Vielleicht sollten Sie den Hund erst mal föhnen?" Superidee, aber Bojan hat aus verständlichen Gründen keinen Föhn (siehe Foto). Der Nachbar hatte einen. Als Brigitte dann wieder trocken und warm war, fing Bojan an zu frieren.

Warum sich bei der Aktion keiner eine Lungenentzündung geholt hat, weiß nur der Hafengott.

Auch, wie lange es das Café Geyer noch gibt. Bojan denkt übers Aufhören nach. Die Kioske auf dem Kiez, die rund um die Uhr alles verkaufen, was auch Kneipen und Cafés verkaufen, nur billiger, machen die Gastronomie kaputt, Stück für Stück, langsam zwar, aber sicher.
„Wenn ich es im Sommer nicht mehr schaffe, die über den Winter aufgelaufenen Schulden abzutragen, kann ich den Laden nicht halten", sagt Bojan.

Ein Laden auf dem Kiez, der ohne Junggesellenabschiede und Flatrate-Saufen auskommen will, kostet nicht nur zu viel Geld, sondern auch zu viel Kraft. Bojans Familie, Einwanderer aus dem damaligen Jugoslawien, hat noch Land in der Nähe von Belgrad. Da ist es warm, da ist es schön. Da hat er vor nicht allzu langer Zeit 280 Walnussbäume und 200 Haselnussbüsche gepflanzt. Von Nüssen kann man gut leben, von Cafés mit Seele nicht so gut, zumindest nicht mehr auf St. Pauli.

BÄRBEL HESSEL, 41
HENRY, 5
BOXER

HENRY GEHT BADEN

HENRY IST EIN MUSKELPAKET, 500 Gramm rohes Fleisch verschlingt der Boxer jeden Tag. Er könnte so ein richtiger Macker sein, wie es sie nur auf dem Kiez gibt. Ist er aber nicht. Boxer sind die Clowns unter den Hunden. Und Henry geht auf in seiner Rolle.

Bärbels Hund Bo starb an dem Tag, als ihr Freund Drago bei ihr einzog. Sie haben die Urne in ihrem Garten vergraben und einen Baum draufgepflanzt. Dem Baum ist das nicht bekommen, er ist sofort eingegangen, aber Henry gefällt es: Dort, wo Bo begraben liegt und wo für kurze Zeit der Baum stand, liegt Henry heute am liebsten. Das ist sein Platz im Garten.

Bärbel war gar nicht so scharf auf einen neuen Hund. Es war Drago, der einen Boxer wollte, und zwar nur einen Boxer, keinen anderen Hund. Boxer gelten als die Clowns unter den Hunden, und Henry ist so ein Clown. Ein Gummihund, der mit der gesamten hinteren Hälfte wedelt, wenn er sich freut.
Henry freut sich viel.

Er wurde bei einer Züchterin in Osnabrück geboren. Als er zwei Wochen alt war, kamen Bärbel und Drago zu Besuch, um sich die Welpen anzusehen, und da hat Henry sich so über den Besuch aus St. Pauli gefreut, dass er Drago erst mal – pardon – auf den Arm gekackt hat. Drago fand, dass so etwas ein Zeichen ist, und so war dann auch schnell klar, dass Henry der Hund war, für den sie sich entschieden hatten. Acht Wochen später fuhren Bärbel und Drago wieder nach Osnabrück, um Henry abzuholen. Seine Mutter hat ihn zum Auto gebracht, sie wollte ihn verabschieden, das war ein sehr rührender Hundemoment.

Nur: Henry hat sich nicht mal mehr umgeschaut. Er saß im Auto, schaute aus dem Fenster, und in seinem Blick stand:
Jetzt fängt mein Leben an.

Und natürlich hat er sich sehr gefreut.

Darauf, gemeinsam mit seinem Kumpel Buddy, den er von der Hundewiese aus der Nachbarschaft kennt, einen Stock zu tragen.
Buddy dabei ordentlich vollzusabbern.
Henry sabbert nämlich gern, das machen viele Boxer. Ziemlich laute Geräusche, irgendwas zwischen schnauben und reden.

Beim Spielen.
Oder sonst so.
Beim Leben.

Überhaupt: das Leben. Henry mag es aufregend und laut, und er mag den Kiez. Er ist ein St.-Pauli-Hund. Passt perfekt zu Bärbel. Die ist eine St.-Pauli-Frau, schon ihre Großeltern haben hier gewohnt. In der Trommelstraße, das ist tiefstes St. Pauli, da steht man bis zum Hals im Stadtteil. Als kleines Mädchen war Bärbel jeden Sonntag unten am Fischmarkt. Und danach natürlich schön Butterfahrt nach Dänemark.

Jetzt arbeitet sie gleich neben dem Fischmarkt, an drei Tagen in der Woche verkauft sie bunte Sofas in einem Designermöbelladen.
Der Rest der Woche geht ganz anders: Da ist sie Coach und psychologische Beraterin, in ihrer Praxis auf St. Pauli, aber auch im Knast. Sie arbeitet ehrenamtlich mit Angehörigen von Leuten, die in Untersuchungshaft sitzen – St. Paulis Herz schlägt für alle.

Henrys Herz schlägt für Wasser. Immer will er baden. Es gibt ja solche Wesen. Seefahrerseelen und Piratenherzen. Auf St. Pauli finden sie sich zusammen. Als wär's ein Räubernest, und ein bisschen ist es das ja auch.

Henry, das Küstentier, springt nicht nur in jeden Fluss oder in jeden See oder rennt ins Meer, er hat sogar einen Hundepool.

Bärbel und Drago haben einen Garten in Wilhelmsburg gemietet, südlich der Elbe, zum Ausspannen und wenn St. Pauli doch mal zu viel wird. Da liegt Henry dann in seinem Pool und genießt das Wasser. Und wenn er am Fischmarkt steht, nur durch einen Mauersprung von der Elbe getrennt, in die er unbedingt reinwill, sechsunddreißig Kilo Hund, gespannte Leine, sieht er für einen Moment aus wie der Macker, der er sein könnte. Fünfhundert Gramm Fleisch verschlingt er pro Tag.

Okay, auch Obst und Gemüse.
Okay, eigentlich alles (außer Staudensellerie).

Aber Henry ist kein Macker. Viel zu gefühlvoll, der Junge, viel zu fröhlich. Man möchte ein Shanty für ihn singen, wenn man ihm zufällig auf der Straße begegnet.

SIMON OLECH, 34
ADONIS, 5
ENGLISCHE BULLDOGGE

LÄUFT BEI DEN FRAUEN

SIMON HAT EINEN JOB ALS WATERCLERK, er organisiert alles, was ein Schiff braucht, wenn es im Hafen liegt. Oft kommt sein Hund Donni mit, weil er gerne Leute trifft. Er zieht auch mit durch die Kneipen und geht auf Partys, und ehrlich: Er hat bei den Frauen mehr Erfolg als Simon.

Ich hatte immer schon einen Hang zu Englischen Bulldoggen. Ich finde die einfach super, das sind Charakterhunde. Meine Ex-Freundin hatte eine Englische Bulldogge, Kimmy, die war schon ziemlich alt, und wir hatten Angst vor dem Tag, an dem Kimmy sterben würde. Also waren wir auf der Suche nach einem zweiten Hund, einem Kollegen für Kimmy. So kamen wir zu Eberhard.

Eberhard war eine typische Englische Bulldogge, trottelig und trantütig. Er gehörte einer älteren Dame, die ein paar Boutiquen in Winterhude hatte und außer Eberhard noch einen Mops. Eberhard war zu anstrengend für sie geworden, er war einfach zu groß und schwer, und manche Kundinnen hatten wohl auch Angst vor ihm, wenn er da so in einer der Boutiquen rumlag. Dabei war Eberhard so gar nicht zum Fürchten – er war ein herrlicher Dummbatz, dem die Zunge immer rechts raushing.

Ich fand ihn Wahnsinn, und da war sofort eine große Liebe zwischen uns. Eberhard ist leider nach einem halben Jahr sehr krank geworden, eine Zecke hat ihn erwischt, er hat Borreliose bekommen und ist daran gestorben. Das hat mir das Herz rausgerissen. Ich war fix und fertig, hab Rotz und Wasser geheult. Aber ich wollte auch nicht ohne einen Hund leben.

Adonis rennt um Simon rum. Zehn Meter vor und wieder zurück. Hüpft im Kreis. Und macht diese Bulldoggengeräusche. Schnaubt, röchelt, bellt (in einer sehr, sehr tiefen Tonlage). Der riesige Mund lacht, die Zunge fliegt. Wie ein Kuscheltier mit einer Doppel-Duracell im, pardon: Arsch.

Und dann hab ich den hier im Internet gesehen, den kleinen Klotzkopp. Und auch wenn ich dachte, dass ich noch nicht bereit bin für einen neuen Hund, sind wir doch mal nach Rostock gefahren, um ihn

anzugucken. Er lag unterm Tisch und hat gedöst, kam aber gleich zu mir und hat mir übers Gesicht geleckt. Ich fand ihn sofort super. Da war er acht Wochen alt.

Als wir ihn dann abgeholt haben, hab ich ihn noch im Auto hochgenommen, hab ihm in die Augen geschaut und gesagt: Mein kleiner Freund, du hast ein verdammt großes Erbe anzutreten. Du bist Eberhards Nachfolger. Ich hoffe, du bist dir dessen bewusst. Und ich möchte nicht, dass wir beide Probleme miteinander kriegen.
Er hat mich angeschaut, als wollte er mir sagen: Okay, Papa, ich hab dich verstanden. Ich werde ein guter Junge für dich sein.

Und bis heute hab ich das Gefühl, dass er mich damals wirklich verstanden hat. Denn Englische Bulldoggen sind eigentlich nur schwer zu erziehen. Die sind stur und dickköpfig und brauchen normalerweise ein halbes Jahr, bis sie mal schnallen, dass sie nicht in die Wohnung pieschern dürfen. Donni hat das insgesamt nur zweimal gemacht, und er hat auch nie einen Schuh angekaut oder sonst irgendwas kaputt gemacht.

Adonis rennt und sabbert und freut sich, ist aufgeregt, neugierig. Er sieht immer wieder nach Simon, dreht sich immer wieder nach ihm um, kommt immer wieder angelaufen. Als wolle er sich versichern, dass alles läuft.

Wir haben permanent Kontakt. Und wir vertrauen uns. Ich hab ihn von Anfang an überall mit hingenommen. Wenn ich esse, bekommt er auch was zu essen. Wenn ich bei meinem Stammitaliener bin, kriegt er eine Portion Parmaschinken. Wenn wir ins Steakhouse gehen, kriegt er gegrillte Putenbrust. Wir sind eine Familie.

Leider ist er inzwischen ein Scheidungskind, weil meine Ex-Freundin und ich nicht mehr zusammen sind, aber ich verbringe so viel Zeit wie möglich mit ihm. Und zu seinem Geburtstag im Mai kriegt er jedes Jahr eine Leberwursttorte von der Konditorei Weber in der Hellbrookstraße in Barmbek.

Adonis umkurvt einmal schnell Simons Beine, dann schaut er ihn an und lässt ein tiefes, grummelndes Bellen vom Stapel. Ein unmissverständliches: „Ja, Leberwursttorte."

Der sabbelt halt gern. Wenn wir zu Hause zusammen auf der Couch sitzen, dann quatscht er mich die ganze Zeit voll.
Der Schlonzi.
Das kommt von Schlonzemann.
So nenne ich ihn oft.
Weil er eben so schlonzig ist.

Sein bester Freund ist ein Pekinese. Brutus. Die sehen sich erstaunlicherweise sogar ein bisschen ähnlich. So vom Gesichtsausdruck her. Lustig ist es immer dann, wenn der Brutus vorangeht und andere Hunde anpöbelt, Schlonzi rennt dann hinterher und bellt mit, obwohl er wahrscheinlich gar nicht weiß, worum es jetzt gerade geht. Ist für Brutus aber natürlich eine Bank, so eine Bulldogge als Freund, der immer einen Meter hinter einem geht.

Donni vergisst nur manchmal leider, dass das Pekinesenkörbchen nicht für Bulldoggen gemacht ist. Platzt dann fast, das Körbchen, wenn der Dicke versucht, sich reinzuknüllen. Und dann sitzt er da drin und guckt komisch. So à la: Alter, irgendwas ist hier doch scheiße, irgendwas läuft hier nicht optimal.

Ich würde echt mein letztes Hemd geben für ihn.
Er ist einfach 'n geiler Macker.

Aber er ist kein Hund, der so nebenbei läuft. Mit dem muss man viel Zeit verbringen. Und man braucht ein bisschen Kraft, um ihn im Zweifel halten zu können. Schlonzi wiegt 28 Kilo, und das sind fast nur Muskeln, für eine Englische Bulldogge ist er total schlank. Okay, nachdem wir Ferien bei meiner Tante in Polen gemacht haben, hatte er mal kurzzeitig 36 Kilo. Weil meine Tante ihm natürlich immer schön braune Sauce auf die Kartoffeln gemacht hat. Und eine Scheibe Wurst ging auch meistens noch.

Inzwischen hat er das aber wieder abgenommen, ich achte schon sehr darauf, dass er nicht so eine träge, dicke Bulldogge wird.

Er ist jetzt auch kein Typ, der kiloweise rohes Fleisch frisst. Im Gegenteil, das kann er nicht ab, da muss er spucken. Ich mache ihm meistens gekochte Hähnchenbrust mit Hühnerbrühe, Reis, Erbsen, Kartoffeln. Gesunde Sachen halt.

Adonis geht in diese Hundehockhaltung, die sie immer machen, wenn sie mal müssen. Passiert aber nix. Er schaut sich nur um, der lustige Bulldoggenmann mit den ernsten Augen. Dann geht's wieder los. Machen, tun, rumrennen, tierisch was am Start haben. Röchel, schnaub, schüttel.

Schlonzi, du bist so ein Assi. Aber du bist Papas Lieblingsassi.

Ich bin Waterclerk, ich arbeite in einer Agentur, die Schiffe mit allem ausstattet, was sie brauchen. Wir melden die Schiffe an, besorgen den

Kapitän, heuern die Besatzung, machen die Heuerabrechnungen, kümmern uns um die Inspektionen und auch um die Beförderungen an Bord, eben um alles, was rund um so ein Schiff anfällt.

Ich nehme Donni auch mal mit zur Arbeit. Wenn ich auf ein Schiff muss, sitzt er dann kurz im Auto. Generell ist er gern mit mir unterwegs, ich glaube, er mag es, Leute zu treffen. Wenn wir hier auf St. Pauli rumlaufen, kennen ihn auch alle, und dann geht das in einer Tour so: „Ey! Donni! Alter!"

Er hat sogar schon die ein oder andere Partynacht mit mir durchgezogen, bis vier Uhr morgens. Wenn wir zum Beispiel erst beim Italiener waren und dann noch zu irgendwelchen Mädels gegangen sind, dann ist er natürlich mitgekommen. Die Mädels nehmen ihn ja auch lieber mit als mich. Ist eben ein Mädchenmagnet. Der Schlonzemann.

ASTRA
AUF DEM

ASTRA
BAR
VODKA
ABSOLUT
ABSOLUT 100
ABSOLUT FLAVOR
JACK DANIELS
GENTLEMAN JACK

KIEZ

NATASCHA VON STEINBERG, 45
AMY, 8
BULLDOGGE
MIMI, 4
FUSSEL, 4
PÜPPI, 4
CHIHUAHUAS

DOMINAS LIEBLINGE

HERBERTSTRASSE, DAVIDSTRASSE, TABLE DANCING, DOMINA – Natascha hat alles gelernt, was im Geschäft mit Sex geht. Privat kommen ihr deshalb keine Männer mehr ins Bett, die wollen so kranke Sachen. Das Gegengewicht in ihrem Leben sind ihre Hunde. Ihre Katzen, Pferde, Schafe.

Mit 18 ist sie dann richtig eingestiegen.
Erst in der Herbertstraße.
Dann in der Davidstraße.
Dann am Fischmarkt und in ein paar Table-Dance-Schuppen.

Als sie 28 war, hatte sie es satt, angefasst zu werden. Eigentlich konnte sie das nie: sich anfassen lassen. Als Domina muss man sich nicht anfassen lassen. Man muss sich aber bei einer Domina ausbilden lassen. Als Zofe. Und das ist dann natürlich wieder mit Anfassen.

Natascha beschloss, sich selbst auszubilden. Weil: Entweder man hat das drauf oder nicht. Das einzige Problem war, dass Dominas damals nicht unter 40 waren und grundsätzlich immer auch noch zwei, drei Stricher am Hauptbahnhof laufen hatten, das gehörte einfach zum Berufsstand. Aber manchmal funktioniert es ja gerade dann gut, wenn man alles anders macht als die anderen.

Natascha hat erst weiter auf dem Kiez gearbeitet, in verschiedenen Studios. Dann hat sie ein eigenes Studio aufgemacht, im Umland. Weil die Zeit gekommen war, in der man auf dem Kiez nicht mehr gut verdient hat. Und außerhalb Hamburgs war auch die Kundschaft ein bisschen angenehmer.

Natascha mag Tiere so gern. Fast lieber als Menschen. Sie kann Tiere nicht leiden sehen. Sie will ihnen helfen. Sie will sie bei sich haben, Tag und Nacht. Sie will nachts einen Chihuahuakörper an ihrem Rücken spüren, nicht einen Mann. Mit Männern kann sie im Grunde schon sehr lange nichts mehr anfangen. Männer wollen so kranke Sachen.

Und so wurden die Tiere in ihrem Leben immer zahlreicher.
So kam die Idee mit Spanien.
Die Idee einer Finca.
Eine Finca ist ein gutes Zuhause für Tiere.

Vor ein paar Jahren zog sie weg vom Kiez und seitdem lebt sie auf Mallorca. Mit ihren Hunden Amy, Mimi, Fussel und Püppi. Und mit Lilli, der Tochter von Fussel und Püppi. Mit Chica und Lulu, zwei spanischen Rateros. Mit Malteser Yorkshire Muffin. Und mit Labrador Tristan und der Katze Peacy, die zusammen auf einer Nachbarfinca zurückgelassen worden sind. Außerdem wohnen auf der Finca mit Pool noch drei Schafe – Paul, Emily und Hugo –, drei Pferde – Sissi, Muffin II und Heinz –, zwei Ponys – Heidi und ihre Tochter Daisy – und das Muli Perla.

Natascha arbeitet nur noch für ihre Tiere. Sie hat auf ihrer Finca dieses Gästeappartement. Und eine Reithalle, mit Höhlen und Kerkern. Ihre Kunden kommen in der Regel für mehrere Tage nach Mallorca. Natascha holt sie dann schon am Flughafen ab. Entführt sie und dann bekommen sie das, was sie gerne möchten.

Einen spanischen Kunden hatte sie noch nie, und am merkwürdigsten sind die Männer aus der Schweiz. Da ist immer wieder dieser Gedanke: Je sauberer und aufgeräumter ein Land ist, desto kaputter sind die Bedürfnisse, die in den Köpfen wachsen.
Und wenn man diese Bedürfnisse sehr gut kennt, zahlt man einen Preis dafür: Man kann keine normale Beziehung mehr führen.

Das Einzige, was vielleicht möglich wäre, sagt Natascha, ist so ein alter Kiezianer. Der weiß, wie das Leben im Rotlicht ist.

Den Abgrund zwischen zwei Menschen kannst du nie überwinden. Aber du kannst jemanden treffen, der gemeinsam mit dir in den gleichen Abgrund schaut.

KARLO HILSE, 62
FUCHS, 14
HUSKY-SCHÄFERHUND-MIX

TRICKS IN DER RÜCKENLAGE

EINS DARF EIN HUND IN HAMBURG NICHT HABEN: Angst vor Schwänen. Hat Fuchs natürlich nicht, und auch sonst vor niemandem. Er ist mehr Wolf als Hund, das Alphamännchen im Viertel, er verlangt Respekt. Das musste auch der Pitbull lernen, der auf den Dackel von nebenan losgehen wollte.

Fuchs war 9 Wochen alt, als Karlo und Erija ihm im Karolinenviertel begegneten. Sie kamen gerade vom Franziskus-Tierheim, weil sie auf der Suche nach einem Hund waren, und gingen zu Fuß zurück nach St. Pauli, als ihnen auf der Straße jemand erzählte, dass es bei den Punks im Wohnprojekt Welpen gibt. Fuchs' Vater, ein Malamute, lag auf einem Podest und nagte an einem Knochen. Die Mutter, eine Mischung aus Husky und Belgischem Schäferhund, lag mit den Welpen zu seinen Pfoten.

Die Welpen waren alle schon vergeben, nur Fuchs hatte noch niemanden. Er sah anders aus als der restliche Wurf. Kleiner, dünner und rothaarig. Und er hat sich als Einziger getraut, seinem Vater einen Knochen zu klauen.

Als Fuchs dann mit 15 Wochen zu Karlo und Erija kam, sind alle mitgekommen, die Hunde und die Punks, und haben ihn zu seinem neuen Zuhause auf St. Pauli gebracht. Zweimal ist er noch ausgebüxt und zurück ins Karolinenviertel gelaufen, aber beim zweiten Mal hat ihn seine Mutter weggebissen. Hat ihn quasi rausgeschmissen.

Da hat er's kapiert und ist nicht mehr weggelaufen aus seiner Straße.

Fuchs wurde im Wendland geboren, an einem Bauwagen im Wald. Deshalb sind Karlo und Erija oft mit ihm in den Wald gefahren, als er noch jung war und gerne unterwegs. Und irgendwie war da immer das Gefühl: Der Hund hat was von einem Wolf an sich. Also hat Karlo angefangen, sich mit Wölfen zu beschäftigen. Es ist auch nicht ganz von der Hand zu weisen, es gibt zumindest Ähnlichkeiten, also: Ein Wolfsromantiker könnte da schon was sehen in Fuchs.

7
6

Den Passgang.
Die Rute.
Die Tatsache, dass er ein ausgesprochener Rudelhund ist.
Dass er, zumindest als junger Hüpfer, ein Selbstversorger war – im Wald hat er sich was gejagt, in der Stadt hat er den Staubsauger gespielt.

Und er hat alles, was er kann, von anderen Hunden gelernt, meistens von den älteren Weibchen. Auf dem Hundespielplatz hat er es geliebt, sich von denen jagen zu lassen. Sie haben ihm Sozialverhalten beigebracht, und dass man älteren Hunden Respekt zollt. Hat er auch immer gemacht. So wie es jetzt Elvis tut, der große, junge, schnelle Rhodesian Ridgeback aus der Nachbarschaft. Elvis weiß: Noch ist Fuchs hier der Chef.

Und wer das nicht kapieren wollte, dem hat Fuchs es beigebracht.

Es gab da zum Beispiel diesen Dackel. Flamingo hieß der. Hat tierisch genervt. Immer wieder rumgekläfft und auf dicke Hose gemacht. Fuchs hat das an sich abprallen lassen, den hat das gar nicht interessiert. Bis eines Tages ein Pitbull kam und Flamingo angegriffen hat. Da ist Fuchs so was von auf den Pitbull losgegangen: Niemand greift den Typen an, der mich nervt. Das ist meine Nervensäge.

Er hat den Pitbull einmal ordentlich geschüttelt.
Danach war dann Ruhe, auch von Flamingos Seite.
Wie man kämpft, hat Oda ihm auf der Straße beigebracht, die Nachbarshündin. Sie hat ihm alle Tricks gezeigt, zum Beispiel, wie man aus der Rückenlage rauskommt, falls man da unglücklicherweise mal landet.

Fuchs hat die Tricks dann später an Missy weitergegeben, die Hündin vom Fahrradladen nebenan.

Missy und Fuchs waren dicke, beste Freunde, solange sie lebte, die hat er sogar mal gegen seine eigene Schwester verteidigt. Die Kinder auf der Straße haben immer gesagt: Fuchs ist hier der König, und Missy ist die Prinzessin. Obwohl da nie mehr war als platonische Hundeliebe. Mit Missy hat Fuchs nie was gehabt. Mit anderen schon. Drei Hündinnen gab es, die Fuchs mal, nun ja, besteigen durfte. Merkwürdig war, dass keine der Hündinnen läufig war, normalerweise lassen die Damen dann ja keine Rüden ran. Fuchs schon.

Das ist schon gut, wenn man als Hund auf dem Kiez über eine gewisse Ausstrahlung verfügt.

Was in Hamburg generell wichtig ist: dass man keine Angst vor Schwänen hat. Fuchs hatte nie Angst vor Schwänen, schon als Welpe nicht. Alles Beute.
Alphamännchen sind durch nichts zu beeindrucken, außer durch andere Alphamännchen, sagt Karlo mit tiefer Stimme, und wie er Fuchs so zu seinen Füßen sitzen hat, wie seine Hand im felligen Hundenacken liegt und er den alten Rüden damit gleichzeitig hält und umarmt, fest aber vorsichtig, weil beide nicht mehr ganz schmerzfrei sind, ist das einer der rührendsten Anblicke, die man sich vorstellen kann.

Ein eigenwilliger Künstler und sein Hund, vom Leben in ihrer ebenso eigenwilligen Straße im ebenso eigenwilligen St. Pauli aneinandergeschweißt, mit großem Respekt voreinander, wohlwissend, wie oft und wie sehr sie sich gegenseitig schon beeindruckt haben. Wie gut sie

füreinander sind und sorgen, inzwischen sicher der Mensch mehr für den Hund, aber hey, was soll's, ab einem gewissen Alter rechnet man nicht mehr alles auf. Eine Männerfreundschaft, oder wahrscheinlich sogar: Liebe.

Fuchs sitzt manchmal da und guckt, als würde er weit in der Ferne etwas hören. Die Bilder, die Karlo malt, sehen immer ein bisschen aus, als würde es ihm genauso gehen.

FABIAN ZAHRT, 42
KALLE, 6 MONATE
CANE CORSO ITALIANO

DAS WAR'S DANN MIT ZART

AUSBILDUNG ZUM TALLYMANN, nebenher Türsteher, Feldjäger bei der Bundeswehr, Wachmann, dann Koberer bei Olivia Jones. Eine Karriere, für die man ein breites Kreuz braucht. Und wenn so einer einen Hund sucht, passt natürlich ein Brocken wie Kalle.

Mein Hund heißt Kalle und ist ein Cane Corso Italiano. Ich hab so einen irgendwann mal gesehen und dachte: Das ist mein Hund. Jetzt ist er gerade im Halbstarken-Alter und ich glaube, der wird auch immer halbstark bleiben. Kann er wegen mir gerne. Ich brauche den nicht als Meinungsverstärker. Ich brauche den als Kumpel.

Ich heiße Fabian Zahrt. Das war's dann auch schon mit zart. Ich wurde in achter Generation in Hamburg geboren, bin also kein Deutscher, sondern Hamburger, denn südlich der Elbe ist Norditalien, und alles andere ist uns sowieso Lachs. Nach der mittleren Reife hab ich eine Ausbildung als Quartiersmann, Tallymann und Seegüterkontrolleur gemacht. Der Tallymann steht auf dem Schiff und kontrolliert die Fracht, er kontrolliert, ob im Container auch das drin ist, was da reingehört, und er belegt die Container. Der Tallymann ist also für den Umschlag im Hafen zuständig.

Dann war ich acht Jahre bei der Bundeswehr als Feldjäger, vier Jahre auch als Ausbilder.
Hat mich nicht dümmer gemacht für St. Pauli.
Nach der Bundeswehr bin ich in die Sicherheitsbranche gegangen, weil sie dir ja immer erzählen, was man alles für Geld verdienen kann, in der Sicherheitsbranche. Das war schon beim Bund so: Im Personenschutz in der zivilen Welt, da verdienst du ein Schweinegeld! Und wo bin ich dann gelandet? Auf einer Baustelle, und hab nachts eine Kreissäge am Kran bewacht.
Langweilig. Das hab ich, glaub ich, zwei Nächte gemacht, dann war ich wieder weg.

Insgesamt war ich ein paar Jahre in der Sicherheitsbranche, hab Geldtransporte bewacht, Begleitschutz gemacht … Und nebenbei hab ich

immer auf St. Pauli gearbeitet. Angefangen hab ich mit 19. Ein 19-jähriger Junge hat ja viele Probleme, aber besonders eins: Er hat ein völlig verzerrtes Bild von sich selbst. Wenn er aus der Dusche kommt, steht er vorm Spiegel, guckt sich an und denkt: Was für ein ganzer Mann! Bis in die letzte Haarspitze Testosteron! Aber würde er mal an sich runtergucken, würde er den Dreck der Pubertät noch sehen, der ihm bis zu den Knien reicht. Um diesen Kinderdreck loszuwerden, gehen Jungs die komischsten Wege. Und ich bin halt Türsteher geworden.

Am Anfang war ich natürlich noch ein bisschen klein für die Tür, wurde ich nicht so richtig ernst genommen, aber da musst du dich eben beweisen. Und früher waren dafür zwei Dinge nötig: dass du dich hauen kannst, und dass du Herz hast. Herz hatte ich, und kloppen konnte ich mich auch – ich war zu der Zeit erlebnisorientierter Fußballfan.

Aber mit 19 stehst du ja auch nicht jedes Wochenende zwei Tage an der Tür, da stehst du vielleicht einmal im Monat an der Tür. Und die Zeit damals war auch anders, da konnte man das alles noch in Ruhe lernen. Wir haben vieles einfach untereinander geregelt, die Polizei wurde komplett rausgehalten, wenn es ging. Weil wenn die Polizei kommt, bist du als Türsteher immer der Arsch und wirst verhaftet.

Außerdem ist es ganz schlecht fürs Geschäft, wenn die Polizei kommt.

In den Neunzigern hab ich acht Jahre lang an verschiedenen Türen auf St. Pauli gearbeitet. Eigentlich überall, einmal den Kiez rauf und wieder runter. Reeperbahn, Große Freiheit, Talstraße, Seilerstraße, Hamburger Berg, wo halt was war.

Aber dann kam der Tag, da hatte ich keinen Bock mehr auf St. Pauli. Da nervte mich alles, die Musik, die Gäste, die Tür, der Stadtteil. Irgendwann ist jeder Kiezianer mal komplett damit durch, dann bist du satt.
Ich hab also St. Pauli den Rücken gekehrt.

Das Problem ist allerdings, wenn du erst mal auf St. Pauli angekommen bist, kannst du nicht einfach gehen. Denn nicht du entscheidest dich für St. Pauli – St. Pauli entscheidet sich für dich. Der Mikrokosmos entscheidet, ob du reinpasst. Entweder wirst du reingezogen oder ausgespuckt. Und wenn du mal dazugehörst, zu diesem Mikrokosmos, dann kommst du da nur schwer wieder raus, das ist dir nur gar nicht bewusst.

St. Pauli hat mich aber rausgelassen, für sieben Jahre hat es mich in Ruhe gelassen. In diesen sieben Jahren war ich keine fünf Mal auf dem Kiez. Vielleicht mal über'n Dom gelaufen, das noch am ehesten. Ich hatte aber auch woanders zu tun. Hab da und dort rumgegaunert, war im Osten, das war der wilde Osten damals, in Meck-Pomm hab ich gewildert, partymäßig und arbeitsmäßig, in den Großraumdiskotheken. Da haben viele Hamburger gearbeitet, auch viele vom Kiez. Du hattest als Hamburger einen guten Ruf, die Chefs im Osten waren froh, wenn Hamburger als Türsteher da waren. Ich hab in der Zeit aber weniger gearbeitet und mehr gefeiert, da war ich ja noch beim Bund.

Vor acht Jahren hat mich dann plötzlich Jeff Pierron angerufen, der war damals Geschäftsführer vom Safari. Jeff war auf der Suche nach einer Urlaubsvertretung für seinen Koberer Siggi, 76 Jahre alt, seit 50 Jahren vor dem Laden. Siggi ist einmal im Jahr für zwei Wochen an die Ostsee zum Angeln gefahren. Jedes Jahr schön auf Dorsch in der Lübecker

Bucht. Jeff hat mich gefragt, ob ich für Siggi die Urlaubsvertretung machen könnte. Da hab ich gesagt: Gut, zwei Wochen St. Pauli kann ich mir mal wieder antun.

Also: Ja.

Nach drei Tagen Urlaubsvertretung war Siggi tot, im Angelurlaub gestorben, und ich bin von der Urlaubsvertretung direkt in die Festanstellung gegangen.

Da musste ich auch nicht lange überlegen: Damals hat man als Koberer super verdient. Zwei Jahre hab ich fürs Safari gearbeitet.

Und dann kam Olivia Jones und sagte zu mir: Wir machen demnächst eine Men Strip Bar auf, nur für Frauen. Wir bräuchten noch einen Koberer und Türsteher. Schönes Angebot, hab ich gesagt, vielen Dank, liebe Olivia, aber ich hab hier einen tollen Job, und ich bin zu teuer. Eine Woche hab ich nichts von Olivia gehört, dann meldete sich ihr Management bei mir und bedrohte mich massiv.

Mit viel Geld.
Was sollte ich sagen?

Ich bin jetzt seit sechs Jahren bei Olivia Jones Koberer und Türsteher, und seit drei Jahren mache ich meine eigenen Kieztouren, führe Leute durch den Stadtteil. Nebenbei arbeite ich in der Logistik, in der Brieflogistik. Im Prinzip wie ein Tallymann, nur mit Briefen. Das sollte eigentlich nur ein Job für den Winter sein, weil im Winter ist auf St. Pauli ja nicht viel los, aber dann ist doch was Festes draus geworden.

St. Pauli war früher ein Rotlichtviertel, heute ist das nicht mehr so, das Rotlicht ist jetzt im Internet. Früher gab es 2500 Huren auf dem Kiez, heute gibt es noch 350. Früher hatten wir über 40 Sexshops, heute haben wir noch fünf. Früher waren es 15 Pornokinos, heute sind es noch zwei oder drei.

Wenn du vor 20, 30 Jahren die Reeperbahn runtergegangen bist, ging das so: Peepshow, Pornokino, Puff, Sexshop, die ganze Straße runter. Heute: Döner, Kiosk, Döner, Kiosk, Kiosk, Döner. Dadurch ändert sich alles, auch, wie sich die Leute verhalten. Wenn du früher nach St. Pauli gefahren bist, hast du vielleicht vorher mal eine Dose Whisky-Cola an der Tanke getrunken, aber dann bist du in die Clubs gegangen und hast da dein Geld ausgegeben. Heute geht's erst mal zu Penny, da gibt's ne Flasche Wodka für fünf Euro, damit lässt du dich dann auf der Straße volllaufen, kommst so aber in keinen Club mehr rein, und dann gibt's Ohrfeigengewitter.

Geld verdienst du auf dem Kiez nur noch mit einem Kiosk. Mit nichts anderem mehr.

Aber die Clubbetreiber machen sich das Leben auch selbst schwer. Wenn die alle an einem Strang ziehen und sagen würden: Passt auf, es kostet Eintritt und es gibt keine Freigetränke für Frauen. Dann ziehst du sofort wieder ein anderes Publikum an, dann trennst du gleich die Spreu vom Weizen. Nach dem Motto: Sind wir dir zu teuer, bist du uns zu billig.

Mit diesem freien Eintritt und freiem Sekt für Frauen schießen die sich selber ins Knie. Dann kommen zwar ganz viele junge Frauen rein, und klar, wo junge Frauen sind, sind junge Männer, aber da sind eben auch viele schwierige dabei.

Insgesamt ist es respektloser geworden auf St. Pauli. Und, im Zeitalter der Technik, unpersönlicher. Wenn du früher einem aufs Maul gehauen hast, dann hat er sich getrollt. Heute nimmt der gleich sein Handy und ruft die Polizei. Das finde ich uncool, das macht man nicht. Eigentlich wissen doch alle: Wenn du dich daneben benimmst, kriegst du was aufs Maul, das ist St. Pauli.

Im Prinzip ist St. Pauli der respektvollste Stadtteil der Welt. Jeder ist hier willkommen, es gibt offene Arme für alle. Mir ist es egal, ob du schwarz, weiß, rot, grün oder gelb bist, ob du dick oder dünn bist, ob du arm oder reich bist, ob du schwul oder lesbisch oder hetero bist, das ist mir scheißegal. Bist du nett zu mir, bin ich nett zu dir. Erweist du mir Respekt, erweise ich dir Respekt. Aber bist du mir gegenüber respektlos, dann bringe ich dir Respekt bei. Das war mal eine klare Linie hier, das wussten alle, das haben alle verstanden.

Heute sind diese Regeln oft nicht mehr ganz so klar.

Das Schöne an Olivias Men Strip Club ist, dass es da keinen Stress gibt. Weil nur Frauen reindürfen. Da kommen sogar gerne mal die Damen aus dem Milieu vorbei, weil sie entspannt feiern können, ohne Männer. Die Männer wiederum geben ihre Frauen quasi bei mir an der Tür ab, um dann selbst in Ruhe feiern zu gehen. Das Bier auf St. Pauli schmeckt einfach besser, wenn du fremde Brüste siehst. Im Prinzip ist das wie bei Ikea im Småland. Bälleparadies für die Frauen, während die Männer einkaufen gehen.

Wie lange ich das noch machen will, weiß ich nicht. Aber der Kiez hat mich auch nicht wieder so verschluckt wie damals. Ich wohne nicht mehr hier. Ich mach hier meine Jobs und meine Führungen und schaue von außen drauf. Ich mache das Theater mit, ich mache Bühnenshow auf der Straße, und dann gehe ich wieder nach Hause und nehme meine Tochter, meine Frau oder meinen Hund in den Arm.

Danke, Vorhang.

LAUT
Franziskaner
Weissbier
JEVER
PILSENER

BECK'S
1783
JEVER
PILSENER
LEISE
1783
JEVER
LAUT
LAUT

JEANNINE WATERMANN, 42
FRIEDA, 9
LABRADOR-MIX

DR. KIEZ

FRIEDA MACHT ALLES MIT, sogar Marathontraining, wenn es danach extra Futter gibt. Nur nach St. Pauli geht sie nicht gerne, zu aufregend. Sie bleibt zu Hause, wenn Jeannine zur Arbeit fährt. Ist besser so für Frieda, denn bei Frauchen steht jeden Tag der halbe Kiez auf der Matte.

Mein St. Pauli liegt im 1. Stock, in meiner Praxis, die ich mir mit einer anderen Frauenärztin teile. Da ist der Blick aus dem Fenster auf die Clemens-Schultz-Straße, und manchmal noch der Weg ums Eck zur Bäckerei Rönnfeld. Ich wohne in Klein Flottbek, zusammen mit meinem Mann, meinen drei Kindern und meiner Hündin Frieda. Auf St. Pauli bin ich wirklich nur zum Arbeiten. Wenn ich mal ausgehe, dann eher in Ottensen.

Und trotzdem habe ich jeden Tag den gesamten Stadtteil bei mir, meine Patientinnen sind so bunt gemischt wie St. Pauli. Da sind die 16-jährigen Mädchen, deren Familien seit Generationen hier leben und die es nicht immer leicht haben; da sind die hippen jungen Frauen, die irgendwas mit Medien machen; und da sind auch die älteren Damen, die immer noch auf St. Pauli wohnen, aber das werden leider immer weniger. Außerdem kommen viele Frauen aus der Herbertstraße zu mir, und auch Transgender-Frauen, für die es oft schwierig ist, eine Ärztin zu finden, bei der sie sich gut behandelt fühlen.

Ich mag es sehr, hier zu arbeiten. Nur manchmal finde ich es traurig, wie die jungen Mädchen inzwischen über ihren Körper reden, das hört sich häufig nämlich nicht so an, als hätten sie ein freundliches Verhältnis zu sich selbst.

Was auch auffällig ist: Ich habe viele Patientinnen, die ein Kind haben. Aber sobald das zweite unterwegs ist, ziehen sie weg. Ab zwei Kindern braucht man eine größere Wohnung, und die ist auf St. Pauli sehr schwer zu kriegen, und wenn man eine haben könnte, ist sie unbezahlbar.

Schön finde ich, dass hier auf dem Kiez die Andersartigkeit nicht nur erlaubt ist, sondern auch voll akzeptiert. Da ist zum Beispiel diese wirklich schlecht frisierte Transe, die hier immer und bei jedem Wetter im Minirock und auf Stöckelschuhen durch die Straßen läuft, und niemand macht sich darüber lustig. St. Pauli denkt stattdessen wahrscheinlich eher: „Ist dir nicht kalt?"

Frieda ist der Stadtteil ein bisschen zu aufregend. Sie ist ein Landei. Ihre Welt ist in Klein Flottbek, in unserem Garten und unserem Haus. Wenn ich bis 15 Uhr noch nicht zu Hause bin, holt sie sich einen meiner Pullis oder einen Schal, legt sich damit hinter die Tür und wartet auf mich. Als sie neu bei uns war, als Welpe, dachte ich: Kein Problem, ich hab drei Kinder, da kriege ich auch noch einen Hund gewuppt. Aber mein jüngster Sohn war damals erst zwei, und Frieda hat tatsächlich auch nicht einfach gemacht, was ich wollte. Aber wir haben dann viel mit ihr gearbeitet, und jetzt sind wir ein tolles Team.

Sie ist ein autarker Hund, macht gerne ihr Ding, ist aber auch schnell davon zu überzeugen, alles mitzumachen, sogar ein Marathontraining. Sie ist da pragmatisch und ganz Frau beziehungsweise Labrador, weil sie weiß, dass es am Ende immer was zu essen gibt.

ERZ LICHT
WILLKOMMEN

LABRADOR-MIX FRIEDA, 9 JAHRE

MAIKE CLASSEN, 52
WILHELMINE (GEN. MINE), 5
MIX

STREET-PUNK

IST MINE JETZT KATZE ODER HUND?
Sie macht jedenfalls lieber ihr eigenes Ding, total katzenmäßig, autonom. Schert sich nicht um Regeln und streikt, wenn sie etwas tun soll. Maike, Anwältin, wollte eigentlich einen Kuschelhund. Das hat Mine schnell korrigiert.

Mine ist im Grunde ihres Herzens ein Streuner. So etwas gibt es ja eigentlich gar nicht mehr in deutschen Städten. Früher gehörten sie zum Straßenbild: Hunde, die einfach den ganzen Tag draußen herumliefen, allein, frei, ohne Aufsicht, ohne den Hauch einer Leine. Die sofort stiften gegangen sind, wenn jemand nur von Weitem mit einem Halsband wedelte.

In München gab es mal diesen Schäferhund, der hieß Miller. Der war den ganzen Tag in seinem Stadtteil unterwegs, nur zum Mittagessen, da ist er in einen anderen Stadtteil gefahren, und zwar mit der S-Bahn, und er ist am Marienplatz umgestiegen. Dann ist er zu seinem Stamm-Metzger gelaufen, hat sich da ein paar Würstchen geholt und ist wieder zurück nach Hause gefahren. Wieder mit Umsteigen natürlich. Wer die S-Bahn-Station am Münchner Marienplatz kennt, weiß, wozu dieser Hund fähig war.

Und das war früher nicht ungewöhnlich. Streuner waren unabhängige Typen, die wunderbar alleine klarkamen und sich um nichts scherten. Punks. Heute diskutieren wir über eine Helmpflicht für Fahrradfahrer und eine Leinenpflicht für alle Hunde, da sind solche Typen vielen Leuten suspekt.

Und doch macht es einen Wahnsinnsspaß, ihnen bei ihrem Rutscht-mir-den-Buckel-runter-Verhalten zuzuschauen: Wenn Maike die Wohnungstür nicht von innen abschließt, drückt Mine die Klinke, geht los und checkt ihre Hood. Wenn Autofahrer neben ihr anhalten, streckt sie sich zum Fenster hoch und schaut nach, wer da so drin sitzt. Da bleibt man natürlich kopfschüttelnd zurück, aber es ist zum Kaputtlachen.

Mine ist in Spanien auf der Straße aufgewachsen. Als sie anderthalb war, ist sie in einer Tötungsstation gelandet.

Maike war zu dieser Zeit auf der Suche nach einem Hund, fand Mine im Internet, auf einer dieser Hunde-in-Not-Seiten, und weil Mine offensichtlich sehr in Not war und Maike ein Herz für Wesen in Not hat, kam Mine zu ihr. Maike hatte sich einen süßen kleinen Kuschelhund gewünscht. Jetzt hat sie Mine. Gut, Mine ist klein, aber kuscheln – nö.

„Mine war ein Missgriff", sagt Maike, „sie ist das genaue Gegenteil von dem, was ich mir vorgestellt habe. Aber sie wird heiß geliebt."

Maike ist Anwältin. Sie hat lange Strafrecht gemacht, in einer mittelgroßen Kanzlei in Berlin. Nach der Verteidigung eines Vergewaltigers war Schluss mit Strafrecht. Zu viele Leute mit zu viel Geld, die zu schlimme Sachen gemacht hatten. Wenn man jemanden gut verteidigen soll, muss man ihn verteidigen wollen. Maike wollte nicht mehr. Sie hat dann für zehn Jahre in einem Existenzgründerzentrum in Hamburg gearbeitet, als beratende Juristin. Inziwschen ist sie wieder Anwältin, teilt sich mit einer Kollegin eine Kanzlei und macht vor allem Vertragsrecht.

„Für Mine ist Streunen ein Lebensgefühl", sagt sie.
Und hier noch ein paar Sätze, die Maike über Mine sagt: „Sie ist immer total bocklos, wenn sie irgendwas soll. Dann sieht man ihr förmlich an, dass sie denkt: Immer muss ich alles sollen. Und wenn sie etwas zu essen möchte, bettelt sie nicht. Das ist dann eher so: Gib her jetzt. Sie trägt ihre Ohren generell auf Halbmast und dabei guckt sie einen an. Ich mach die Ohren doch nicht ganz nach oben, ich bin doch nicht bescheuert.

Mine ist eher eine Katze als ein Hund. Sie ist autonom und selbstbestimmt. Manchmal denke ich auch, Mine ist eine Rüdin. Sie findet, dass Frauen nicht niedlich sein müssen. Sie findet auch nicht, dass sie lächeln müssen. Sie findet, nett sein ist boring. Sie findet, dass die Leute ihren Scheiß doch alleine machen sollen. Mine ist vielleicht der am wenigsten gefallsüchtige Hund der Welt."

Und wie sie das so sagt, spürt man Maikes Respekt dafür und ihren Stolz darauf. Und irgendwie auch, dass das Konzept mit dem Kuschelhund nicht unbedingt das Richtige gewesen wäre.

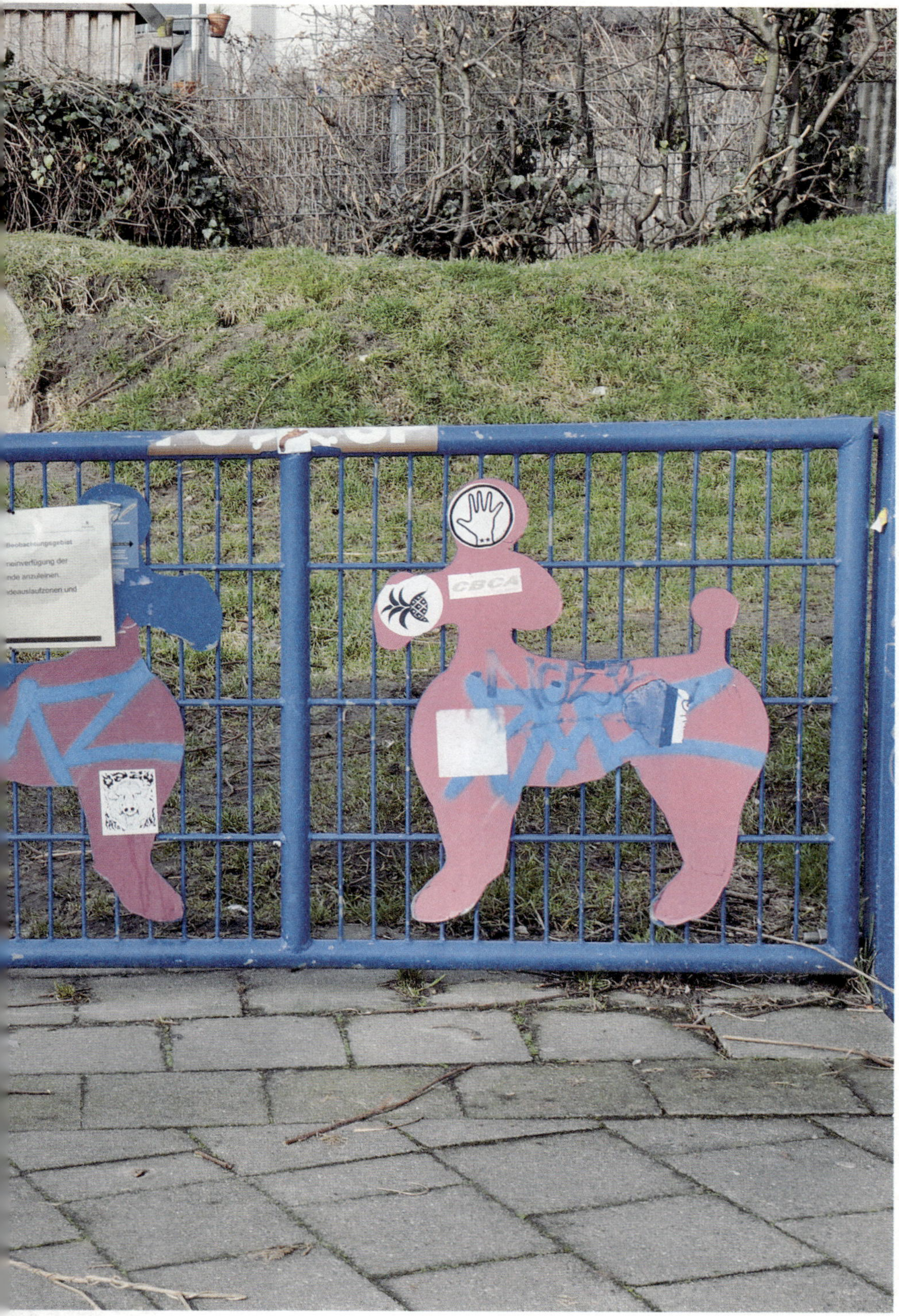
Beobachtungsgebiet
CBCA

HINTER DER BÜHNE

MARCK STEVENS, 45

LARIS GEC, 4

PEPITA, 7

SPANIERIN

CUDDL, 8

PARSON RUSSELL TERRIER

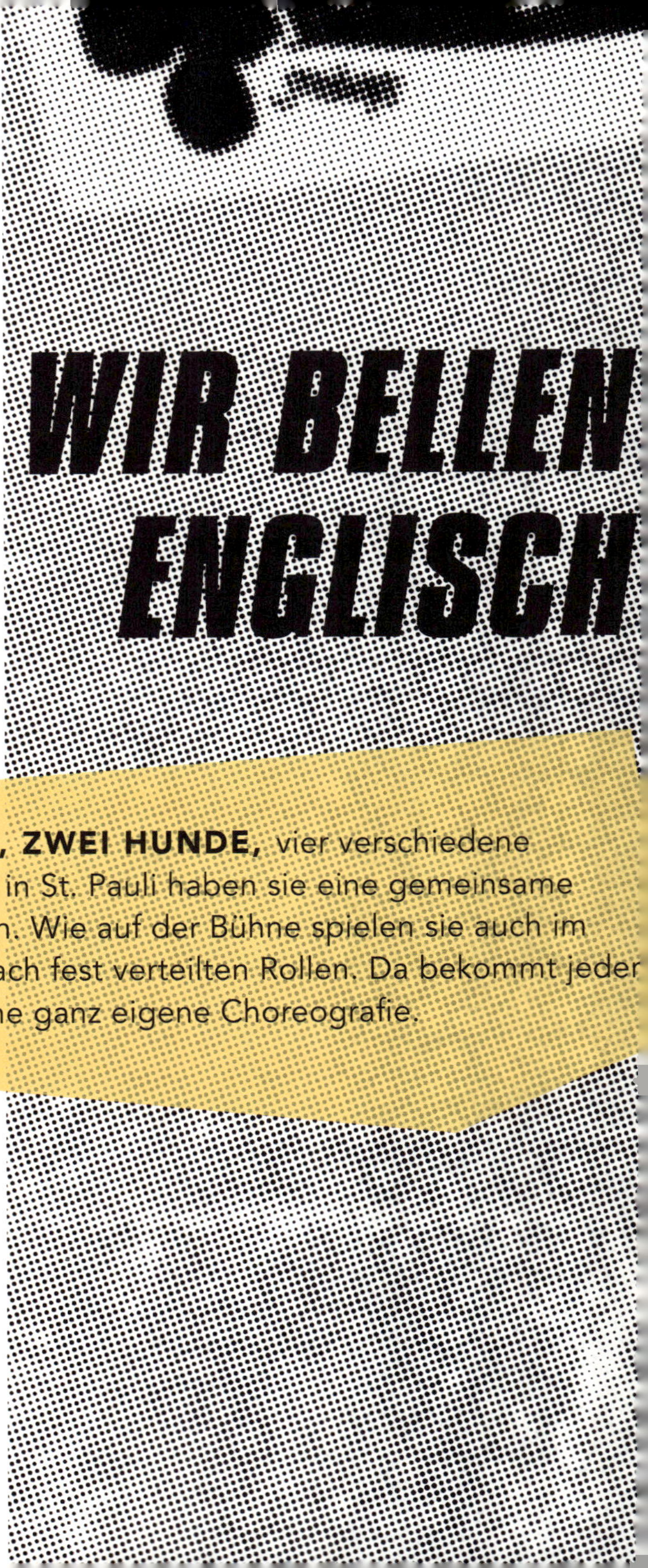

WIR BELLEN ENGLISCH

ZWEI TÄNZER, ZWEI HUNDE, vier verschiedene Herkunftsländer, in St. Pauli haben sie eine gemeinsame Heimat gefunden. Wie auf der Bühne spielen sie auch im Familienleben nach fest verteilten Rollen. Da bekommt jeder Spaziergang seine ganz eigene Choreografie.

Ein Quartett wie ein Windhauch: Marck und Laris und ihre beiden Hunde laufen durch St. Pauli Süd, und das, was sie da machen, ist so viel mehr als einfach nur laufen. Es ist, als würden sie eine permanente, wunderbar leichte Choreografie aus Beinen, Leinen und Schlangenlinien aufführen. Links, rechts, Hund, Mensch, Mensch, Hund, huch, eine Leine, eine Kurve, und noch mal von vorn. Als würde ein unsichtbarer Pianist den Takt vorgeben. Und als wären nicht nur die beiden Männer Tänzer, sondern auch die Hunde.

Laris hat in Hamburg und New York Tanz studiert. Auf dem Broadway, sagt er, hat er erst begriffen, was das für ein Beruf ist. Jetzt, hier in Hamburg, arbeitet er vor allem als Choreograf und Regisseur. Er produziert Shows fürs Theater, für Kreuzfahrtschiffe, für Events und Fernsehsender. Bespielt die Reeperbahn, die Bildschirme und sogar das Meer mit Tänzern, Sängern und Akrobaten.

1991 kam er aus Bosnien nach Hamburg. Er wollte nur seine Eltern besuchen, die zu der Zeit in Deutschland arbeiteten. Sieben Tage später wurden auf dem Balkan die Grenzen dichtgemacht. Damit hatte Laris plötzlich Flüchtlingsstatus. Heute ist er auf St. Pauli zu Hause.

Marck ist wegen der Liebe in Hamburg geblieben. Er wollte eigentlich ein Jahr durch Europa reisen. Jetzt ist er seit 16 Jahren hier, und immer auf St. Pauli. Ursprünglich kommt er aus Kalifornien, ist in der Nähe von San Diego aufgewachsen. In Chicago wurde er zum Musicaldarsteller ausgebildet, an der renommierten Goodman Theatre School, er ist Schaupieler, Tänzer, Sänger, Produzent, ein Bühnenallrounder. Hat in Musicals wie „Mamma Mia" und „Dirty Dancing" auf der Bühne gestanden.

Aber irgendwann war Schluss mit der Bühne. Theatermenschen haben das immer wieder: das Gefühl, dass man die Bühne nicht mehr braucht. Vielleicht sogar das Gefühl, zu viel auf der Bühne zurückgelassen zu haben. Man lässt ja jedes Mal, wenn man da oben steht, etwas von sich zurück. Marck hat dann eine Yoga-Ausbildung gemacht und eröffnet gerade sein eigenes Studio.

Die beiden kennen sich seit 13 Jahren, sie haben sich bei einer Audition kennengelernt, Marck hat da vorgesungen.

Cuddl kam vor acht Jahren zur Familie, aus einer Zucht in Allermöhe. Nach kurzer Zeit war klar, dass der Quirlkopf eine Freundin braucht. Pepita wartete schon in Spanien. Sie guckte sehr fein und damenhaft von einer Internetseite für Tiere in Not aus Málaga.
Und so klar, wie die Spaziergänge der vier durch den Stadtteil choreografiert sind, so klar ist auch die Rollenverteilung der Hunde. Cuddl ist in seiner Lebendigkeit eher wie Laris, er springt ihn an, will hoch und lacht, wenn Laris lacht. Die graziöse Pepita gehört mehr zu Marck, ganz dicht ans Bein geschmiegt.

Man möchte eine Tanzfigur erfinden für diese reizende Bagage.

Untereinander reden die Männer mal Deutsch, mal Englisch, mal beides, wie es gerade passt. Mit den Hunden reden sie Englisch. Weil es schmackhafter klingt und sich so schön bellen lässt.

EVE CHAMPAGNE, 31
VEUVE NOIRE, 23
JAMINA FLOKATI, 28
PACCO, 6
RHODESIAN-RIDGEBACK-ROTTWEILER-MIX

EIN BULLE UND DREI KÖNIGINNEN

EIN NACHTCLUB AUF ST. PAULI. Drei Damen, oder wenigstens sehen sie so aus, stehen auf der Bühne, frontal zum Publikum, zu ihren Füßen ein ehemaliger Spürhund der Drogenfahnder, der nicht weiß, wie ihm geschieht. Ein Glitzerdrama in drei Akten.

Die Besetzung:

Eve Champagne, 31, Tochter eines polnischen Seemanns und Hamburgs Burlesquebestie. Wie Keith Richards im Rock'n'Roll – in der deutschen Burlesque-Szene von Anfang an dabei und nicht totzukriegen. Versprüht einen rauen Charme, dem sich keiner entziehen kann. Queen of everything.

Veuve Noire, 23, oder: die schwarze Witwe. Würde aber niemals einen Mann verspeisen. Macht sich doch nicht ihr Spielzeug kaputt, sagt sie immer. Ist auf verschlungenen Pfaden nach St. Pauli gekommen und grundsätzlich ihr eigener Film. Wahrscheinlich der einzige Mann, der in ein Korsett der Größe 34 passt.

Jamina Flokati, 28, die vielleicht knusprigste Drag Queen der Großen Freiheit. Eine der letzten Überlebenden aus dem Safari. Ihr Kopfschmuck sieht aus, als wäre er aus Licht. Hält „50 Shades of Grey" für einen Kinderfilm (zu Recht). Entzückender, süddeutscher Akzent.

Pacco, 6, Rhodesian-Ridgeback-Rottweiler-Mix. Ehemaliger Polizeihund und Drogenfahnder. Im Rotlichtmilieu gelandet, nachdem er bei einem Einsatz angefahren wurde – im Prinzip eine klassische Bullenkarriere. Manchmal verwirrt ihn der Alltag auf St. Pauli etwas, weil es hier ja überall nach Drogen riecht, er aber eben nicht mehr beim Zoll auf dem Flughafengelände arbeitet.

O
SHO

1. Akt / ARBEITEN

Eine schwarze Wand. Davor drei Damen in bunter Nachtclubausstattung. Sie stehen frontal zum Publikum. Zu ihren Füßen ein großer, brauner Hund, der sehr ernsthaft, aber auch immer etwas ratlos guckt.

Eve: Warum ich das tue? Ich bin eine aufmerksamkeitssüchtige Hure.
(schiebt ihre Zigarette in die Zigarettenspitze)

Veuve: Ich auch.
(steckt ihre Zigarette in den Mund)

Jamina: Ich bin hier sowieso die Schönste.
(wirft ihre brennende Zigarette hinter sich)

Pacco weiß nicht so recht. Sind das jetzt schon Drogen oder ist das einfach eine Art zu leben? Und wenn ja, wie viel von beidem ist für den Eigengebrauch und ab wann wird das professionell?

Eve: Ich bin ja auch ausgebildete Hotelfachfrau. Und Barmixerin.

Pacco denkt immer noch angestrengt darüber nach, ob er gerade einen Einsatz hat oder nicht.

Veuve: Ich bin ausgebildete Servicefachkraft für Dialogmarketing!

Jamina: Ich bin ausgebildete Stripperin. Aber ich zieh mich nicht mehr aus. Die Zeiten sind vorbei. Im Safari hab ich den Leuten an fünf Abenden die Woche am Ende meinen Schwanz gezeigt. Da sind die dann ja immer fast umgefallen.

Eve und **Veuve** *(federboaschwingend):* Fi-na-le! O-ho! Fi-na-le! O-ho-ho-ho!

2. Akt / KÜCHE

Eine Küche auf St. Pauli, ein Holztisch, ein Hundekörbchen. Ein Drucker, eine Burlesquetänzerin und eine Drag Queen, jeweils in Zivilklamotten, zwei Smartphones, Büroatmosphäre, wichtige Blicke, es wird getippt. An der Wand eine Leuchtschrift:
„Kleine Mädchen fürchten die Dunkelheit, große Mädchen ungünstiges Licht."

Pacco *ist derweil mit seinem Lieblingsspielzeug beschäftigt: einem alten Strap-on-Dildo von Eve, den er mal im Bad gefunden hat. Ein wirklich beeindruckendes Spielzeug. Die Spitze hat er leider abgebissen.*

Kein Text in dieser Szene. Man hört nur Fingernägel, die auf Smartphones tippen. Manchmal kracht es im Hintergrund unangenehm, wenn der Hund noch ein Stück von seinem Sexspielzeug abbeißt. Die Szene dauert eine gute Stunde.

3. Akt / NATÜRLICHE UMGEBUNG

Olivias Show Club auf der Großen Freiheit. Es ist früher Abend, draußen scheint noch die Sonne. Aber hier drin zählt nur die Nacht. So ein Laden kann, mit den richtigen Leuten besetzt, ein dunkles Leuchten verströmen. Die richtigen Leute versuchen im Moment, sich auf der kleinen Bühne so zu arrangieren, dass alles möglichst groß aussieht.

Veuve: Ich kann mich hier nicht richtig ausbreiten. Da sitzt so eine dicke Drag Queen neben mir.

Jamina *raucht, zieht die linke Augenbraue hoch und ordnet ihren bunt blinkenden Nackenschmuck.*

Eve: Passt die Klamotte eigentlich so? Oder soll ich mich lieber ausziehen?
(ordnet das Schößchen am Rock und ihre Beine)

Veuve: Ich versteh die Frage jetzt gar nicht.
(auszieh'n! auszieh'n! auszieh'n!)

Eve *geht ab, kommt nach ein paar Minuten in etwas zurück, das man als „Something very small and very golden" bezeichnen kann.*

Pacco *läuft durch den Club und trägt einen Stoffbiber hin und her. Wieder wirkt er etwas verwirrt. Wie man eben so aussieht, wenn man sich als ehemaliger Polizist in einem Nachtclub wiederfindet. Als Teil der Belegschaft. Ja. Pacco sieht im Grunde ähnlich zerkaut aus wie sein Stoffbiber.*

Eve, Veuve *und* **Jamina** *posen und schnurren und malen dabei so richtig schön über den Rand.*

Plötzlich fällt die Wand um. Hinter der Show-Club-Kulisse öffnet sich eine wilde Natur. Berge, Seen, ein Wasserfall. **Eve** *reißt sich die Klamotten vom Leib, diesmal endgültig. Sie rennt los, sie schwimmt, sie taucht, sie klettert, sie besteigt den Berg, der aussieht wie ein schroffer 4000er.*

Sie dreht sich noch ein letztes Mal zum Publikum um.

Eve: *Ich liebe alles, was wehtut und Spaß macht!*

Dann verschwindet sie in der Wildnis.

Pacco *sieht ihr traurig hinterher, aus dem Stoffbiber in seinem Mund tropft ein bisschen Hundespucke.*

Veuve *und* **Jamina** *zucken mit den Schultern und mixen ein paar Drinks auf Wodkabasis.* **Pacco** *bekommt Gin.*

THOMAS FITSCHEN, 35

LEO, 5

BERNER SENNENHUND

DER ZINKER UND SEIN SCHLOSSHUND

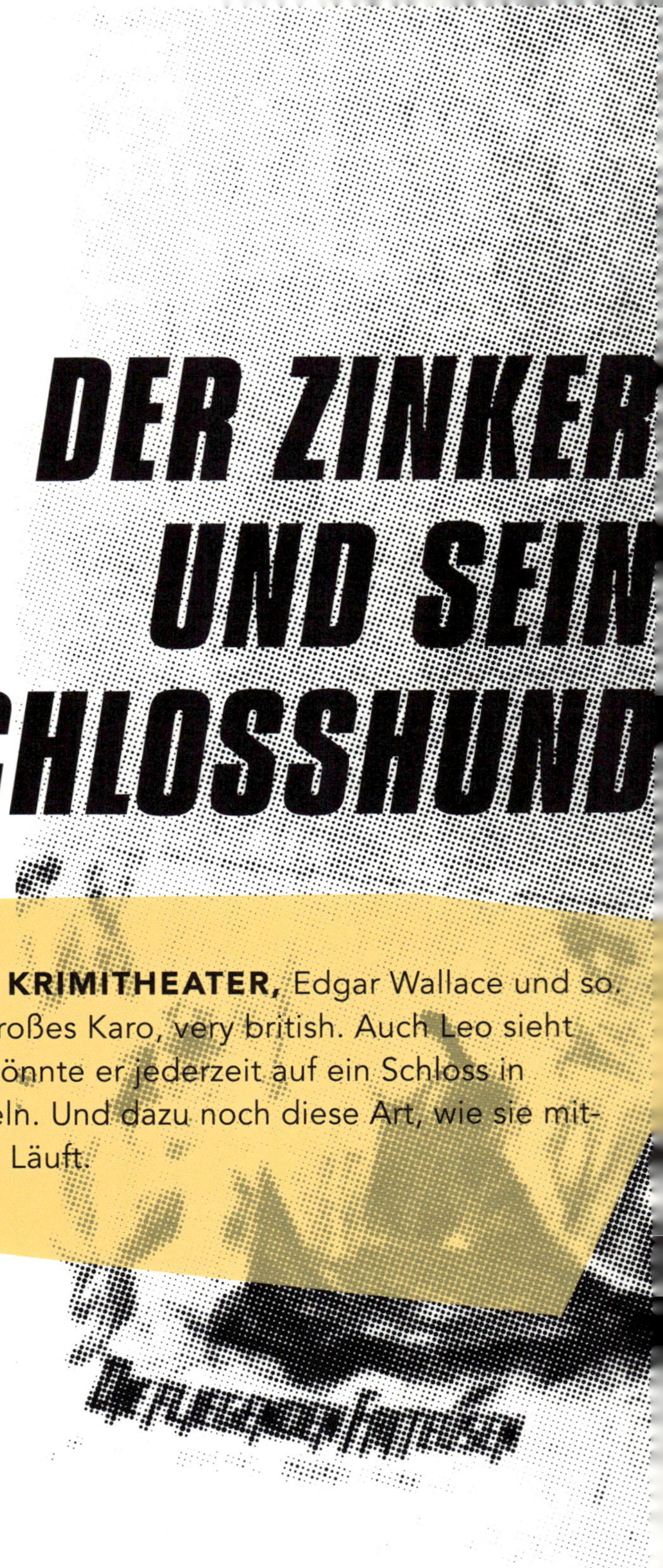

THOMAS SPIELT KRIMITHEATER, Edgar Wallace und so. Immer im Tweed, großes Karo, very british. Auch Leo sieht eigentlich aus, als könnte er jederzeit auf ein Schloss in Schottland umsiedeln. Und dazu noch diese Art, wie sie miteinander umgehen. Läuft.

Sollte einen eines Tages mal eine Lawine erwischen, ist Leo genau der Hund, von dem man gefunden werden möchte. Er wirkt so unanstrengend, so unkompliziert, so pragmatisch und so – ausgesucht höflich? Kann man das von einem Hund behaupten?

Leo wartet morgens höflich, bis alle ausgeschlafen haben. Dann hat er Spaß, ist dabei irre lustig und freundlich, und wenn er was ganz Verrücktes macht, legt er Thomas von hinten die Pfoten auf die Schultern, was auch wieder irgendwie toll ist. Was Leo nicht mag, ist Streit. Es irritiert ihn sehr, wenn die Stimmung kippt oder die Stimmen kalt werden oder laut. Dann versucht er zu vermitteln, läuft von einem zum anderen und schmiegt sich an. Leo ist ein Hund, der aufpasst. Wenn der einen erst mal aus der Lawine gezogen hat, ist alles gut.

Dann freut er sich über ein Stück Käse.
Oder über seine Ruhe.

Leo ist ein extremer Typ: Sehr lebendig, quirlig, aber dann muss er sich auch schnell wieder hinlegen. Wie so Leute, die sagen: Ich hab den Bus mit den Schulkindern gerettet, jetzt brauche ich meine Ruhe, danke.

Thomas scheint ein ähnliches Kaliber zu sein, wobei er sich natürlich nicht einfach hinlegt, wenn er seine Ruhe braucht, sondern nur kurz still wird und die Welt herausfordernd anguckt.

Gemeinsam sind die beiden eine klassische Bromance, die alles hat, was eine zarte Männerfreundschaft ausmacht, denn Thomas ist genauso höflich wie sein Hund, und das auch noch zu seinem Hund. Er redet

nicht wie ein Herrchen zu seinem Tier, er redet mit ihm wie mit einem guten, etwas zerbrechlichen Freund: „Oh, Leo, entschuldige, ich bin dir auf den Fuß getreten."
Das ist ein wahnsinnig respektvoller, fürsorglicher Umgang miteinander, ja, genau: miteinander. Denn Leo zahlt Cent für Cent zurück.

Es gibt nichts zu meckern, weil es nichts zu meckern gibt, von beiden Seiten.

Und so bewegen sie sich durchs Imperial Theater, den Ort, an dem Thomas auf der Bühne steht, als wäre es ihre natürliche Umgebung, aber das mag daran liegen, dass ihr Umgang miteinander so natürlich ist. Leo scheint zu finden, dass das Leben mit Thomas ein einziges tolles Abenteuer ist, und Thomas nennt ihn „Großer".

Seit 2008 spielt Thomas am Imperial Theater, DEM Krimi-Theater Hamburgs. Er hat den Arthur Gine in „Der schwarze Abt" gespielt und den Zinker in „Der Zinker", diese wunderbar altmodischen Stücke nach Edgar Wallace. Vielleicht wird am Imperial Theater nicht die hohe deutsche Schauspielkunst gegeben, dafür aber hoch unterhaltsames Spiel mit rasend liebevollem, ausgeklügeltem Bühnenbild und fantastischer Ausstattung.

Die Kostüme vom Imperial Theater würde Thomas eigentlich gerne auch privat tragen, der ganze Tweed, dieses britische Ding. Aber er glaubt, dass seine Frau etwas dagegen hätte.

Thomas und Leo sehen im Grunde beide so aus, als könnte man sie ohne Probleme auf ein schottisches Schloss schicken. Die würden da prima hinpassen. Der Typ im karierten Blazer, der Hund als Teil einer Jagdgesellschaft – läuft.

Und wenn Leo neben Thomas sitzt und ihn höchst aufmerksam beobachtet, sieht er mit seiner weißen Blesse aus, als hätte er einen Anzug an.

PETRA DORÉN, 72
STUPSI, 14
CHIHUAHUA

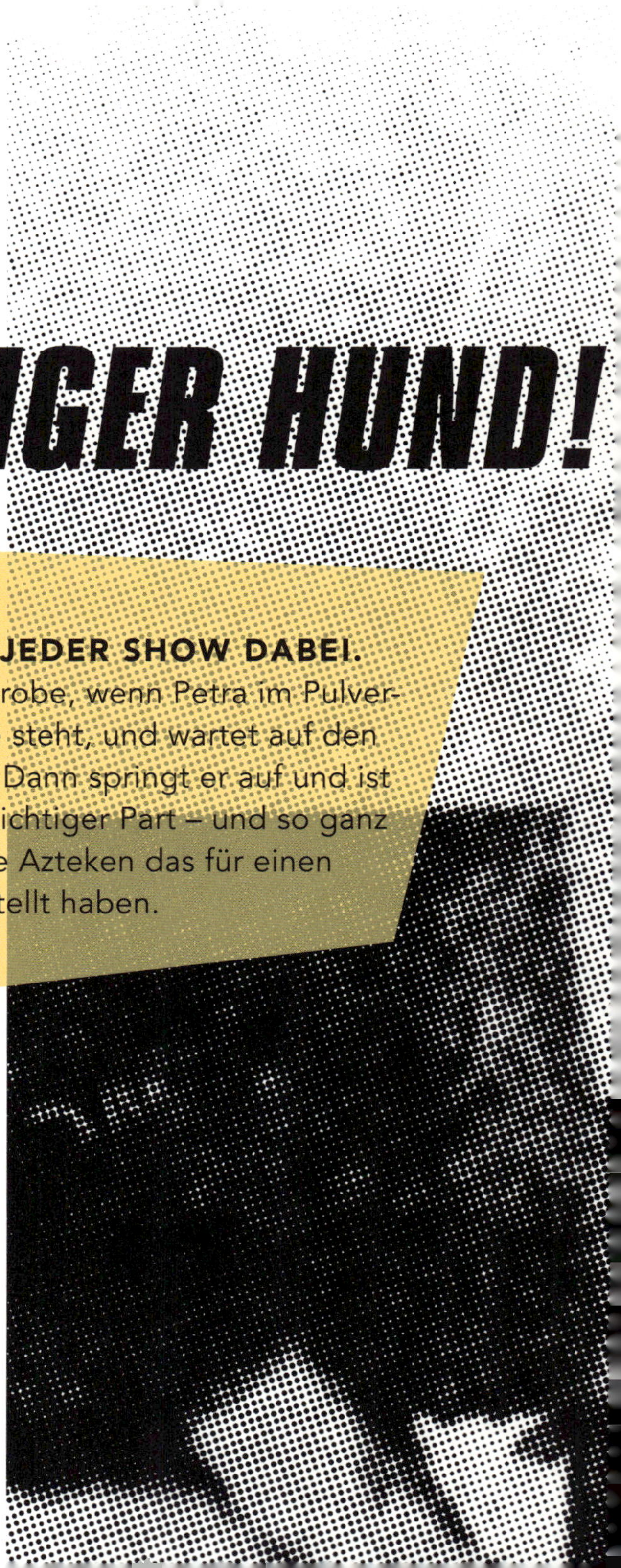

HEILIGER HUND!

STUPSI IST BEI JEDER SHOW DABEI. Liegt in der Garderobe, wenn Petra im Pulverfass auf der Bühne steht, und wartet auf den Tusch am Schluss. Dann springt er auf und ist für Petra da. Ein wichtiger Part – und so ganz anders, als sich die Azteken das für einen Chihuahua vorgestellt haben.

Ich muss die Sachen verkaufen, so langsam mal das Lager räumen, aber das tut weh. Ich hab ja immer alle Kostüme selbst geschneidert, und zu jedem Kostüm hab ich mir auch die passenden Schuhe machen lassen, aber, na ja, muss halt mal weg, das Zeug.

Ich bin in Berlin geboren, 1944, in Hohenschönhausen. Wir sind 1945 mit dem letzten Zug aus dem Anhalter Bahnhof raus, meine Familie und ich, und wir haben noch aus dem Zug gesehen, wie die Bomben auf den Bahnhof gefallen sind. Hätte der Zug fünf Minuten Verspätung gehabt, wären wir alle tot gewesen. Na ja, die ersten Jahre nach der Flucht aus Berlin habe ich in Hof verbracht, seit der Schulzeit war ich dann in München, nach der Schule hab ich erst Maler gelernt, dann Kirchenmalerei, da malt man Fresken an Kirchenwände oder Blumen auf Bauernmöbel. Leider habe ich eine Allergie gegen die Lösungsmittel gehabt, ich konnte irgendwann nicht mehr malen, und so bin ich im Nachtleben gelandet. Als Kellner. Und auch als Barfrau, aber das war damals noch verboten, ich war sogar noch minderjährig, als ich eine Kollegin vertreten hab, weil sie krank war und die anderen damals zu mir gesagt haben: „Du gehst doch an Fasching eh immer im Fummel raus. Jetzt mach halt mal."

Na ja, dachte ich, einmal geht das schon.

Dass ich Männer liebe, hab ich daran gemerkt, dass mir die Mädchen, die mir hinterhergelaufen sind, lästig waren. Als ich meiner Mutter davon erzählt habe, sagte sie nur, ich soll doch bitte machen, was ich will, aber später dann nicht zu ihr kommen und rumjammern.

In München hab ich dann in der Spinne gearbeitet und im Bel Etage Theater, im Prosecco und im Miss Henderson. Mein erster großer Auftritt

war auf dem Schwarz-Weiß-Ball, Max Greger hat mit seiner Big Band gespielt. Ich hatte mir so eine Farah-Diba-Frisur gebastelt, aus einer Badekappe, auf Klorollen gezogenem Hanf und schwarzem Lack. Dazu hatte ich ein Kleid an aus schwarzem Moiré mit lila Blumen drauf, herrlich sah das aus.

Max Greger fragte mich, wann sie denn aufhören sollten, „Strangers in the Night" zu spielen, also dieses Lied, zu dem ich strippen sollte, und ich hab gesagt: „Wenn ich die Perücke wegschmeiße." War alles sehr glamourös geplant. Dann ist mir aber das Kleid beim Ausziehen am High Heel hängen geblieben. Die Leute sind ausgeflippt, weil das so komisch war. Als ich meine Perücke und meine Korsage weggeschmissen hatte, war für einen Moment Totenstille. Dann hat das Publikum getobt. Es war ja eine Zeit, in der es Travestie nur in Berlin und Hamburg gab. In München hieß das „Damenimitator" und war noch ziemlich skandalös.

Max Greger hat mir an diesem Abend meinen Bühnennamen gegeben, ich hatte nämlich noch gar keinen. Er hat mich angekündigt und einfach gesagt: „Meine Damen und Herren, und nun kommt für sie Petra Dorén!"
Und so hieß ich dann.

Ins Pulverfass nach Hamburg bin ich kurz nach der Eröffnung gekommen, ich war in den Shows für die Heteros, in den Strip Kabaretts. Das Pulverfass war damals noch in St. Georg, das war sehr intim da, und wir hatten viel Prominenz zu Gast. Katharina Valente, Tina Turner, die waren alle da. Im neuen Pulverfass auf St. Pauli fehlte dann diese Intimität. Da ging es mehr um die Touristen. Aber, und das war ganz schön, die Leute vom Kiez waren auch da. In der zweiten und dritten Show am Abend, wenn es später wurde, kamen immer viele Huren und Zuhälter, die Shows waren voll. Heute ist das Pulverfass ein Nichtraucherladen, und die zweite Show stürzt leider ab. Da müsste man eine Rauchershow draus machen, nur die späte, einmal geht das doch, wäre bumsvoll, der Laden.

Gesungen hab ich auch. Die Knef oder Zarah Leander. Nur für meine wahnsinnige Opernsängerin, für die hatte ich ein Vollplayback.

Und ich hab Theater gespielt, richtiges, ernsthaftes Theater. Uli Heising, der berühmte Regisseur, kam eines Tages zu mir und hat mich gefragt: „Bist du mutig genug, einen alternden Transvestiten zu spielen?"

Hab ich gemacht, in *Kasimir und Karoline*, zusammen mit Barbara Valentin. Einmal ging das schon.

Und dann diese ZDF-Shows natürlich, das waren die Zeiten, in denen immer viel zu viel gesteppt wurde im deutschen Fernsehen, da hatte ich so eine Marika-Rökk-Parodie. Herrlich. Eine aufdringliche Person ist das gewesen. Wollte immer die Schönste sein. Aber aus einem Nachttopf kann man keine Mokkatasse machen.

So, und der Stupsi hier, der ist ein kleiner Macho. Manchmal muss man richtig mit dem kämpfen. Er ist immer bei mir, und er war auch immer dabei, wenn ich aufgetreten bin, er hat immer in der Garderobe gewartet, auch im Pulverfass. Er lag in seinem kleinen Häuschen und schlief, bis die finale Musik kam. Dann hat er sich gestreckt und war wieder wach. Der Stupsi ist quasi im Varieté aufgewachsen, und bei 15 Artisten ist ja immer einer in der Garderobe.

Der Stupsi ist ja auch gar nicht so ein Handtaschen-Chihuahua. Der ist ein Ur-Chihuahua, wie sie früher in Mexiko in den Höhlen lebten, zu Zeiten der Azteken. Das waren heilige Hunde, weil sie so alt werden. So einen hat man geschenkt bekommen, wenn der erste Sohn geboren wurde. Und wenn der Sohn dann 14 war und den Göttern geopfert werden musste, dann durfte man stattdessen den Chihuahua opfern, wenn er noch gelebt hat.

Wahrscheinlich haben die sich gedacht, na ja, einmal geht das schon, und dann haben sie's immer gemacht.

Der Stupsi ist ein ganzer Kerl, der hat ein Mordskreuz. Wie ein kleiner Fuchs ist der. Sein Vater hieß Rambo. Der Stupsi hat schon sehr viele Kinder gemacht, auch in Hamburg, in der langen Reihe. Da hat er einen Sohn. Und eine Tochter. Die Baba Jaga, ein herrschsüchtiges Ding. Und in München hat er sowieso jede Menge Kinder. Na ja, er will halt immer rumsausen, aber die Mama kann nicht mehr so viel laufen wie früher, Stupsi. Weil ich ja eine alte Henne bin.

Aber einmal geht das schon noch.

STUPSI, 14 JAHRE, CHIHUAHUA

DOCK 11
Blohm+Voss

IM GRÜNEN

KAREN ELLIGSEN, 52
JENS ELLIGSEN, 49
CAANDY UND MAX, 6
TSCHECHOSLOWAKISCHE WOLFSHUNDE

AUF AUGENHÖHE MIT DEM RAUBTIER

WENN SIE BEIM SPAZIEREN anderen Leuten begegnen, hören sie immer dieselbe Frage: „Sind das Wölfe?" Natürlich nicht. Wolfshunde. Aber immerhin dreißig Prozent Wolf. Die Menschen gehen in die Knie, aus Respekt, niemand will diese beiden von oben herab streicheln. Ist auch besser so.

Blohm+Voss
DOCK 11

Wenn wir über das Verhältnis zwischen Mensch und Hund reden, müssen wir immer auch über das Verhältnis zwischen Mensch und Natur nachdenken, denn die menschliche Seele – ihre Sehnsüchte, ihr Streben, ihr Wollen – ist das Band, das die Zivilisation mit der Wildnis verknüpft. Und auch wenn es inzwischen so aussieht, als hätte die Stadt die Natur endgültig als favorisierten Lebensraum des Menschen abgelöst, ist die Natur doch sein ursprünglicher Gegenpart: der Ort, an dem er am Anfang bestehen musste, wenn er überleben wollte.

In der Skyline einer Stadt sehen wir immer nur unsere eigene Großartigkeit, was natürlich auch eine Form von Romantik ist. Am Strand einer Vulkaninsel, auf dem Gipfel eines Berges, in einer Wüste bei Sonnenuntergang oder einfach nur in einem Wald werden wir jedoch bis zum Ende unserer Tage etwas viel Größeres finden, und zwar immer jetzt und gleich: Frieden.

Das nachhaltige Gefühl, gerade ein Raubtier zu streicheln.
Vielleicht ist es das, was die Leute so verzückt bis verrückt macht, wenn sie Karen und Jens mit ihren Wolfshunden begegnen. Weil es auf den ersten Blick tatsächlich so aussieht, als kämen da zwei Menschen, die zwei Wölfe an der Leine haben.

Tschechoslowakische Wolfshunde sind eine Kreuzung aus Schäferhund und Karpatenwolf, mit dreißig Prozent Wolfsanteil. Und das sieht man ihnen an, den Isegrimm-Verwandten.

Es ist wirklich ein lustiges, kleines Theater, wenn die Menschen auf sie treffen, und es läuft jedes Mal auf die gleiche Art ab:

Karen und Jens gehen irgendwo lang. Caandy und Max laufen an der Leine. Leute kommen entgegen.

Schon von Weitem sieht man in den Gesichtern dieser Leute erst Verwunderung und dann einen Ausdruck, der sagt, dass sie vollkommen aus dem Häuschen sind.

Dann, wenn sie gleichauf sind: „Boah. Sind das WÖLFE?!"
Karen und/oder Jens: „Nein, das sind Hunde. Tschechoslowakische Wolfshunde."

Leute: „Darf man die STREICHELN?!"
Karen und/oder Jens: „Darf man."

Was dann passiert, ist faszinierend. Die meisten Menschen gehen in die Knie. Sie schaffen es nicht, Caandy und Max von oben zu streicheln, in dieser leicht gebückten Haltung, in der man Hunde eben streichelt. Vielleicht möchten sie sich auf Augenhöhe begeben, obwohl es ja immer unklug ist, einem fremden Hund in die Augen zu schauen, denn der Hund empfindet das in der Regel als Bedrohung.

Aber irgendetwas scheint so anziehend zu sein an den Wolfshunden, dass manche sich sogar auf den Boden setzen, um ihnen nah zu sein. Dann fahren sie mit der Hand durchs dicke Fell am Wolfshundhals, fangen an, leise aber unablässig zu reden. Es ist ein bisschen, als würden sie den Tieren ihre Geschichte erzählen wollen und als würden sie darauf hoffen, dass die Tiere zurückerzählen. Wenn die Menschen wieder aufstehen und sich verabschieden, sind sie glücklich.

„Im Kontakt mit den Wolfshunden lernt man sehr viel über die wahre Natur der Hunde", sagt Karen, „über die Natur aller Hunde. Und über die Natur des Menschen."

Wolfshunde sind ein bisschen wie der Missing Link zwischen dem Garten – der vom Menschen domestizierten Natur – und der Wildnis. Das Stück lichter Wald, durch das man gehen muss, um in den dichten Wald zu kommen. Weil ein Wolfshund, aufgrund seiner extremen Sensibilität, sofort auf alles reagiert, was um ihn herum passiert, und auch auf alles, was der Mensch, der mit ihm zusammen ist, so macht und sagt und ausstrahlt.

Auf der einen Seite ist das etwas sehr Schönes, die Wolfshunde sind wie ein lebendiges Buch, in dem man aufschlussreiche Informationen über sich selbst findet. Auf der anderen Seite heißt das aber auch, dass nicht jeder mit so einem Hund umgehen kann. Man muss souverän sein und permanent präsent, und das, was man von dem Hund will, muss man wirklich wollen, und man muss es so vermitteln, dass der Hund es versteht. Durch Körpersprache, Haltung, Tonfall. Versteht der Hund seinen Menschen nicht, wird er unsicher. Das ist im Prinzip bei allen Hunden so.

Das ist im Prinzip auch zwischen Menschen so: Wer klar und deutlich kommuniziert, was Sache ist, was wichtig ist, bekommt einen Partner auf Augenhöhe. Wer unsicher ist, bekommt jemanden, der die Führung übernimmt. Das sollte man im Zusammenleben mit Wolfshunden nie vergessen.

Wenn Karen und Jens mit ihren Hunden spazieren gehen, gehört zu so einem Spaziergang ungeheure Aufmerksamkeit. Sie sind hochkonzentriert, sie sind bei sich und bei der Umgebung. Das ist anstrengend, eine permanente Herausforderung. Denn Caandy und Max bilden, nach ihrer Auffassung, ein geschlossenes Rudel. Heißt schon mal ganz klar: aufeinander aufpassen. Heißt bei der Begegnung mit anderen Hunden: kurz mal kompliziert werden. Und weil sie zu Hause an der Nordsee nicht besonders oft auf andere Hunde treffen – die nächsten Nachbarn wohnen 250 Meter entfernt –, sind sie das auch nicht unbedingt gewohnt, und deshalb sind sie in der Stadt, wo einem alle naselang ein anderer Hund entgegenkommt, etwas, nun ja: unlocker. „Aber nur in den ersten ein, zwei Tagen", sagt Karen, „dann haben sie sich daran gewöhnt." Und werden gelassener.

Die Stadthunde und die Stadt, das ist ein gutes Training, sowohl für die Wolfshunde vom Dorf als auch für Karen und Jens, finden Karen und Jens. Und so nervenaufreibend das manchmal ist: „Die Hunde sind es wert. Sie zahlen das hundertfach zurück, durch ihre tolle Art. Und im Grunde brauchen eher wir das Training als die beiden."

Karen sagt, das Wort Hundeschule sei eigentlich auch verkehrt – nicht die Hunde müssen ja den Umgang mit Menschen lernen, sondern die Menschen den Umgang mit ihren Hunden.

Und die Wolfsromantiker unter den Menschen müssen lernen, dass ein Wolfshund kein Wolf fürs Wohnzimmer ist. Dass sie sich nicht einfach so einen Hund holen können, nur um dann von „ihrem Wolf" sprechen zu können. Diese „Wölfe" sind am Ende die Hunde, die in die Notvermittlung kommen oder deren Unerzogenheit damit erklärt wird, dass man da eben einen halben Wolf zu Hause hat.

Deshalb reagieren viele Menschen, die sich mit Wolfshunden beschäftigen, ziemlich empfindlich auf dieses: „Ich möchte einen Wolfshund, weil ich Wölfe so liebe."

Das funktioniert nicht, denn es basiert auf einer Verwechslung.
Es ist nämlich überhaupt nicht so, dass die Tschechischen Wolfshunde wölfisch sein sollen. Sie sollen weder besonders scheu noch besonders aggressiv sein. Das Gegenteil ist der Fall. In Tschechien wird kein Hund zur Zucht zugelassen, der sich beim Wesenstest wölfisch verhält. Da wird der Hund unter anderem an einem Platz ohne Sichtkontakt zum Halter angebunden und ein Mensch mit Knüppel in der Hand rennt drohend auf den Hund zu. Geht der Hund nach hinten, gerät er in Panik, war's das. Geht er cool nach vorne oder bleibt gelassen stehen, wird er zugelassen. Der Wolfshund ist also kein Wolf. Er ist ein Hund, der die Verbindung zum wilden Tier deutlich in sich trägt. Er ist eigenständiger als die meisten anderen Hunde. Fast ein bisschen katzenhaft.

Aber er kann heulen wie ein Wolf. Wenn Kirchenglocken läuten. Wenn er eine Sirene hört. Wenn andere Wolfshunde heulen.
Max heult immer dann, wenn Karen und Caandy weggehen.

Karen ist Masseurin, sie und Jens und die Hunde waren eine Zeitlang viel auf St. Pauli, weil sie im Buddhistischen Zentrum eine Fortbildung zur Ernährungsberaterin nach der chinesischen Fünf-Elemente-Lehre gemacht hat. Da waren sie immer von Mittwoch bis Sonntag in Hamburg, ihr Wohnmobil stand unten am Hafen. Da kriegt man alle Schattierungen von St. Pauli mit. Vom normalen Leben unter der Woche bis zum Rambazamba am Wochenende.

Sie haben die Zeit auf dem Kiez immer sehr genossen. Nach zwei Tagen, wenn die Hunde und die Stadt eingespielt waren, wenn alle ihre Anspannung abgelegt hatten, war es perfekt. Karen hat tagsüber ihre Seminare gemacht, Jens, der seit ein paar Jahren nach einem Burnout Frührentner ist, ist den ganzen Tag mit Caandy und Max draußen unterwegs gewesen, die drei hatten viel Bewegung, und abends war Karen auch noch mal mit draußen, was allen guttat. Sie finden, dass es ganz schön viel Grün gibt hier. Nach vier Tagen auf St. Pauli sind sie dann entspannt nach Hause gefahren. Einmal nachts haben sich Jugendliche am Wohnmobil zu schaffen gemacht. Jens ist dann nur kurz mit den Wolfshunden raus, danach war Ruhe.

Bevor Caandy und Max kamen, hatten Karen und Jens zwei Pflegekinder, ein Junge und ein Mädchen. Jens hatte eine innige Beziehung zu dem Jungen. Als die beiden weg waren, dauerte es nicht lange, bis sein Burnout kam. „Wir brauchen wohl immer irgendwie eine Herausforderung", sagt Karen.

Zutiefst menschlich ist das.

Der Mensch, der vor dem Wolf steht und sich fragt, was jetzt gleich passiert. In den klassischen Märchen geht das meistens nicht gut aus. In den etwas abseitigen, schrägen Geschichten hingegen wird oft eine Geschichte von Freundschaft und Respekt daraus.

MICHAEL MATUSCHEK, 35
AILEEN, 12
STAFFORDSHIRE BULLTERRIER

IMMER AUF ABENTEUER

MICHAEL UND AILEEN WAREN in ihrem gemeinsamen Leben nur einen Tag getrennt. Staffords sind Abenteuerhunde, wollen überallhin mit, alles teilen. Aileen wusste immer, was richtig und was wichtig ist. Sie war Michaels wichtigste Verbündete. Jetzt schreibt er ihr einen letzten Brief.

Aileen, mein Abenteuerhund.
Du kamst zu mir, als Du vier Wochen alt warst, und in all den Jahren waren wir nur einen Tag voneinander getrennt.

Wie Linda und Paul McCartney.

Ihr Staffords seid alle Abenteuerhunde.
Ihr wollt überallhin mit.
Ihr seid wie Verbündete für den Menschen.
Du warst eine besondere Verbündete.

Du wollest immer alles machen, was ich gemacht habe.
Und Du warst so zart in Deinem starken Körper.
Einmal, da hast Du vor einem Eisladen auf ein Kind aufgepasst.

Es war ein kleines Kind, und es wollte Deine Leine halten.

Deine Leine, die immer gespannt war, weil Du ja immer auf Abenteuer aus warst, war in der Hand dieses Kindes ganz locker.
Lag einfach neben Dir.
Du hast auf das Kind aufgepasst, und darauf, dass die Leine nicht an der Kinderhand zieht.

Du wusstest immer, was wichtig und was richtig ist.
Ich war für Dich Papa, Mama und Rudelführer.
Du warst mein Ein und Alles.

Jetzt fehlst Du an allen Ecken und Enden.

MC BOMBER
YUNG
HEIN-HOYER
STRASSE
8
facebook.co

N
T MAN
GGA
36
THAI
KARAOKE
COCKTAIL BAR
HIGHWAY

STEFANIE BLOCK, 41
KYRA, 13
ONYX, 4
BELGISCHE SCHÄFERHUNDE
ADELE, 7
PINSCHER

ABTEILUNG ATTACKE

DREI HUNDE UNTER EINEM DACH:
Kyra und Onyx sind von der Polizei, für heikle Aufgaben ausgebildet. Mit ihnen ist nicht zu spaßen, selbst Hooligans und Drogendealer bleiben respektvoll auf Abstand. Nur Adele, das Haustier, gibt Kontra.

Kyra, *13, Polizeihund in Rente*

Guten Tag.
Ich bin ein Polizeihund.
Was kann ich für Sie tun?
Sie müssen wissen, ich bin sehr aufmerksam. Mir entgeht nichts. Falls Sie also in Schwierigkeiten stecken, zucken Sie nur kurz mit der Wimper, ich kümmere mich darum.

Es kommt natürlich ein bisschen auf die Art der Schwierigkeiten an, in denen Sie stecken.
Sollten Sie von jemandem bedroht werden, sollte jemand Sie anschreien, sollte jemand Sie einfach nur schräg anschauen, verbelle ich ihn, und das geht dann so: Ich spanne meine Leine, bis sie kurz davor ist, zu reißen, ziehe meine Lefzen nach oben, zeige meine beeindruckend gesunden Kauleisten und vor allem die Reißzähne und mache sehr viel Krach. Ich garantiere Ihnen, wer auch immer Sie belästigt hat, er wird es nicht noch einmal tun.

Ich kann aber auch etwas für Sie suchen. Ich bin nämlich richtig gut im Suchen. Besonders gut suchen und finden kann ich Drogen. Nur, dass die Drogen nicht mehr Ihnen gehören, wenn ich sie gefunden habe, die gehören dann der Polizei. Ich kann auch Sprengstoff suchen, Tabak oder sogar Banknoten. Und natürlich Leute: Räuber, Diebe, Entführer, ich könnte zur Not auch Sie suchen. Wäre natürlich besser für Sie, wenn ich Sie nicht suchen müsste, denn am Ende würde ich wieder bellen, und ich habe Ihnen ja schon erklärt, wie das geht, und da möchte man nun wirklich nicht am falschen Ende der Kette beziehungsweise Leine stehen.

POLIZEI
Hamburg
Davidwache
Polizeikommissariat 15
POLIZEI
Block

Ach.

Sie glauben, ich sei im Ruhestand?
Wer hat Ihnen denn den Bären aufgebunden?
Ich war so viele Jahre auf St. Pauli unterwegs, ich habe marodierende Ajax-Amsterdam-Hooligans gestoppt, ich habe Razzien im Silbersack geleitet, von Hundeseite, versteht sich, ich habe immer im richtigen Moment blankgezogen, und damit meine ich jetzt nicht, was Sie vielleicht meinen, denken Sie eher an blitzende Zähne als an das andere, und sagen wir es mal so: Sie können den Hund aus dem Kiez nehmen, aber Sie können den Kiez nicht aus dem Hund nehmen.

Also.

Noch jemand, der mit mir über meinen angeblichen Ruhestand sprechen möchte?
Und jetzt entschuldigen Sie mich bitte, ich möchte einen Spaziergang machen.

Summt ein Liedchen und geht ab, wenn man ihr so hinterherschaut, ist es, als hätte sie – ein bisschen schief und durchaus neckisch – ein Barett auf dem Kopf sitzen.

Onyx, *4, Polizeihund im Dienst, kann aber auch Katastrophenschutz*

Leute, aus dem Weg. Bin bei der Schmiere. Bin alles. Suchhund, Sprengstoffexperte, Bodyguard. Muss immer suchen und aufpassen. Verdammt, ich hab zu tun.
Also, noch mal: Aus dem Weg.

Ich wollte schon immer zur Polizei. Aber erst war ich zu klein. Dann war ich zu dünn. Und zu schwach. Irgendwie krank. Alle dachten, ich muss bald sterben. Aber dann haben sie mir nur noch Ente zu essen gegeben. Ente mit Reis. Plötzlich war ich nicht mehr krank.

Plötzlich wurde ich immer stärker. So stark, dass ich Leute retten konnte. Überall rausretten konnte ich die. Aus eingestürzten Häusern oder Höhlen zum Beispiel. Und da haben sie gemerkt, dass ich doch zur Polizei kann, und zwar echt jetzt. Wenn du ein Polizeihund sein willst, musst du mutig sein. Und du musst cool bleiben können. Bis zu dem Moment, in dem du ausrasten sollst. Und dann machst du das. Dann bist du laut und gefährlich. So lange, wie du es sein sollst. Als guter Polizeihund machst du immer, was du sollst. Sonst fliegst du raus, sonst kannst du da nicht mehr arbeiten, bei der Polizei.

Die Lady hier und ich, wir sind Malinois. Belgische Schäferhunde. Freunde sagen: Mallis.
Gibt angeblich auch andere gute Polizeihunde. Deutsche Schäferhunde. Boxer. Rottweiler. Airedale Terrier. Riesenschnauzer. Hovawarts. Dobermänner.

Aber ich sag euch: alles Luschen. Wissen die ja eigentlich auch alle selber. Weil ich nämlich der beste Polizeihund von allen bin. Der krasseste Typ. Hier, schneidet mal mit, wie das aussieht, wenn ich die Chefin umarme. Wenn sie will, dann spring ich so an ihr hoch und nehm sie um die Taille. Seht ihr mein breites Kreuz? Mein sehniges Muskel-Ich? Seht ihr das? Seht ihr den Schrank, der ich bin?

Checkt das mal, Leute.

POL
POLIZEI
LIZEI

Verbeißt sich in einer Jacke, um zu zeigen, was er draufhat. Wie bei allem, was er tut, sieht er auch dabei aus, als würde es in seinem Leben nichts Wichtigeres geben, als dieses Ding fertigzumachen.
Man traut ihm zu, keine Frage, einen Verbrecher fertigzumachen. Oder einen Ohnmächtigen aus einem brennenden Haus zu zerren. Jedenfalls möchte man nicht zwischen diesen Kiefern hängen, wenn er zupackt.

Adele, *7, Haustier*

Diese Angeber.
Diese schlimmen Angeber.
Hm.

Ich bin nicht so.
Ich bin nur etwas nervös.
Und ich muss mal.
Bällchen, anyone?

Trippel, trippel, trippel, hüpf, hüpf, hüpf.
Verrückt, wie unterschiedlich drei Hunde sein können, die gemeinsam unter einem Dach leben.

Stefanie Block, *genannt „Bella", 41, Polizistin*

Im Prinzip ist es ganz einfach: Der Hund hält den, der dich anschreit, auf Abstand. Als Polizist wirst du ja gerne mal angeschrien. Von Demonstranten, von Betrunkenen, von Leuten, die auf Droge sind oder sonst irgendwie am Rand. Wenn du einen Hund bei dir hast, schreien diese Leute dich zwar immer noch an, aber sie stehen dabei eben nicht direkt vor dir, sondern mindestens in zehn Metern Entfernung. Manchmal habe ich das Gefühl, dass der Hund einem Polizisten vielleicht das zurückgibt, was er von der Öffentlichkeit nicht mehr bekommt – den Respekt.

Ich war früher Krankenschwester. Dann Industriekauffrau, in einem Büro. Dann hatte ich einen Judotrainer, der war Polizist. So bin ich bei der Polizei gelandet. Angefangen hab ich im Polizeikommissariat 16, der Wache an der Lerchenstraße, die neben der Davidwache für St. Pauli zuständig ist. Früher war das PK 16 an der Budapester Straße, galt als eine der härtesten Wachen in der Stadt und hatte unter Ganoven einen üblen Ruf. Da wollte man nicht landen. Inzwischen hat sich das aber sehr geändert.

Nach meiner Zeit in der Lerchenstraße bin ich zur Hundestaffel in der Stresemannstraße gegangen. Dort bekam ich Kyra, sie war drei Jahre alt und voll ausgebildet. Wir waren dann viel auf dem Kiez unterwegs, Kyra und ich, hauptsächlich wegen Drogen. Da war sie einfach sehr, sehr gut. Sie hat so viel Ruhe und Aufmerksamkeit in sich. Aber sie konnte auch anders.

Einmal nachts, da war ich mit ihr in Zivil unterwegs und traf auf drei riesige Typen, die gerade einen Drogendeal durchziehen wollten. Die fühlten sich erst mal nicht besonders gestört von der zierlichen Polizistin mit ihrer zierlichen Hundedame. Als der eine dann einen bedrohlichen Schritt auf mich zu machte, schlug Kyra an und zeigte, warum sie mich im Zweifel verteidigen kann. Ich hatte dann keine Probleme mehr mit den Typen.

Inzwischen bin ich bei der Bundespolizei. Onyx war mein erster Welpe, er wurde an meiner Seite ausgebildet. Als Sprengstoffsuchhund sichert er Orte, zum Beispiel den Michel, kurz bevor der Außenminister kommt. Wenn er etwas findet, muss er absolut still bleiben, passiv anzeigen, sagen wir, also seinen Fund nur mit der Nase oder den Augen fixieren. Bei Drogen oder Tabak darf er auch laut werden und kratzen. Aber wenn er das mit Sprengstoff macht, kann das für mich und meinen Hund richtig schiefgehen.

BENEDIKT PLIQUETT, 31
TORHÜTER BEI ATLÉTICO
BALEARES AUF MALLORCA
(BIS 2013 BEIM FC ST. PAULI)
CURTIS, 9
DALMATINER

BALLARTISTEN

CURTIS UND SEIN HERRCHEN vereint eine Leidenschaft: für fliegende Bälle. Sie sind unzertrennlich und teilen sogar das Bett. Der Job hat sie gerade nach Mallorca verschlagen. Im Interview erzählt Benedikt Pliquett, was ihm Freundschaft bedeutet. Und wo sie aufhört.

Wer passt auf Deinen Hund auf, wenn Du trainierst?
Er auf sich selbst. Curtis ist es von klein auf gewohnt, allein im Auto zu sein – oder zu Hause.

Schläft Curtis in Deinem Bett?
Ab und zu.

Wer schläft da noch?
Sagen wir es so: Manchmal habe ich da keinen Platz für ihn.

Erinnerst Du Dich an Deinen letzten vollkommen friedlichen Moment?
Ja. Heute am Strand von Son Serra de Marina.

Warum heißt Curtis Curtis?
Weil ich den Namen saucool fand und mir damals gedacht habe, für meinen Sohn wäre er zu krass.

Wofür schwärmst Du?
Für gutes Essen und die Musik der 80er Jahre.

Wofür schwärmt Curtis?
Für Bälle.

Wovor hast Du Angst?
Dass jemand aus meiner Familie schlimm krank werden könnte.

Wovor hat Curtis Angst?
Manchmal vor unserer Katze Naples.

PAULI

Was macht Dich glücklich?

Mein Sohn, die Sonne und mit Curtis in der Natur zu sein.

Wofür bist Du dankbar?

Für mein Leben und meine Gesundheit.

Was findest Du an Dir männlich?

Meine Erscheinung.

Was findest Du an Curtis männlich?

Seinen Körperbau.

Worum beneidest Du Deinen Hund manchmal?

Er wirkt oft so sorgenfrei.

Ist Curtis ein guter Freund?

Der treueste, den es gibt.

Bist Du ein guter Freund?

Das müssen meine Freunde sagen, aber für Curtis sicher: ja.

Wann hast Du das letzte Mal über Curtis gelacht?

Heute vor Freude, weil er nach seiner Bandscheiben-Operation so tolle Fortschritte macht.

Glaubst Du, dass er manchmal auch über Dich lacht?

Oh, das wäre ihm zu wünschen!

Drei Worte, die Deinen Hund erklären.
Stark. Lieb. Treu.

Worin bist Du radikal?
Ich bin etwas milder geworden, aber was Rassismus und Nazis angeht, wird es bei mir nie ein Pardon geben. Ich mache zum Beispiel in der Initiative „Laut gegen Nazis" mit, wir brauchen eine starke Öffentlichkeit gegen Rechtsextremismus. Rassismus ist im deutschen Alltag leider noch weit verbreitet, eine echte Bedrohung, das kann man gar nicht laut genug sagen.

Worin bist Du unschlagbar?
Mein Wille ist unschlagbar.

Wenn Du tanzen gehst: Cowboystiefel oder Sneakers?
Sneakers.

Träumst Du manchmal davon, so leicht und schnell zu sein wie eine Biene?
Auf keinen Fall.

Warum bist Du Torhüter?
Weil ich es mag und bekloppt genug dafür bin. Und früher, als kleiner Junge, hatte ich beim Laufen auf dem Platz immer Seitenstechen. Also bin ich ins Tor gegangen.

Wer ist der größte Torhüter aller Zeiten?
Oliver Neuer – der perfekte Mix aus Oliver Kahn und Manuel Neuer.

AirEuropa

ST. PAULI

ST. PAULI

ST. PAULI
AirEuropa
AirEuropa
AirEuropa
POWERADE.
bebida para deportistas

Sind manche Fußballmannschaften lustiger als andere?
Ja! Wir hattem beim FC St. Pauli immer viel Spaß. Und in der Art habe ich das dann auch nie wieder erlebt.

Deine schönste Parade?
Mit Sturm Graz in und gegen Salzburg. Ein stark getretener Freistoß, und ich fliege so richtig zum Ball. Vielleicht finde ich sie auch deshalb so schön, weil es ein Foto davon gibt und weil ich da eben aussehe, wie ein Torwart beim Halten aussehen soll ...

Deine wichtigste Parade?
Mit dem FC St. Pauli beim HSV. Nach einer Ecke vom HSV hatte ich einen Fußreflex und so einen schon drin geglaubten Ball gehalten. Ich kann mir bis heute selber nicht erklären, wie.

Dein größter Bock?
Mit Sturm Graz gegen RB Salzburg. Der Ball wurde von meinem eigenen Spieler zu mir zurückgeköpft und rutschte auf der Rasenkante unter mir durch. Das Video ging um die Welt.

Dein traumatischstes Erlebnis mit einem Fußball?
Das ging in den Unterleib.

Wenn Du einen Ball ins Tor gekriegt hast, wer vergibt Dir zuerst? Dein Kopf oder Dein Bauch?
Solange ich alles gegeben habe, beide sofort.

Was ist schlimmer: beschuldigt oder bemitleidet zu werden?
Mitleid.

Verändert eine Niederlage etwas in Dir?
Niederlagen motivieren mich zusätzlich.

Wenn Du einen Ball gehalten hast, fällt es Dir schwer, ihn wieder loszulassen?
Haha! Nein. So ist nun mal der Job.

Bei einem Spiel in Innsbruck hast Du am Torpfosten geleckt, davon gibt es ein Video. Wie hat der denn so geschmeckt?
Nach nichts. Der war nur kalt und Mittel zum Zweck. Ich hatte ein Kohlenhydratgel von unserem Physiotherapeuten bekommen, weil ich unterzuckert war. Leider klebte ein Grashalm dran, und der war dann auf meiner Zunge, und den musste ich loswerden. Mit den dicken Torwart-Handschuhen ging das nicht. Also musste der Pfosten herhalten. Am Ende haben wir 1:0 gewonnen.

Wie viel Prozent aller Fußballer kiffen?
Ich denke, dass es heute weniger sind als noch vor zehn Jahren. *(grinst)*

Bist Du manchmal traurig darüber, dass Du nicht Manuel Neuer bist?
Nein. Nie. Ich bin sehr glücklich mit dem, was ich habe, und weiß zu schätzen, wie ich bin und was ich bin.

Wolltest Du früher Stürmer werden, so wie alle kleinen Jungs?
War ich manchmal sogar. Aber dieses Seitenstechen!

Braun oder Weiß?
Braun.

Welche Regel sollte man als Torhüter immer beherzigen?

Der nächste Ball ist der wichtigste.

Gibt es ein Leben nach dem Fußball?

Definitiv, und da freue ich mich richtig drauf! Ich denke oft darüber nach, Trainer zu werden, weil ich einfach sehr viel gesehen habe und deshalb weiß, was gut und was schlecht ist, und weil es mir Spaß machen würde, mit einer Mannschaft zu arbeiten. Aber zurzeit habe ich die Chance bekommen, hier auf Mallorca nebenbei als Immobilienmakler zu arbeiten, und das läuft dank meiner unzähligen Kontakte sehr, sehr gut an. Und vor allem macht es mir Spaß. Das Leben hier ist einfach unglaublich schön und ich würde es gerne noch sehr lange genießen. Letztlich ist alles gut, solange wir alle gesund und glücklich sind, weiterhin ein Dach überm Kopf und den Kühlschrank gefüllt haben.

Dein Lieblingsfilm (über Fußball)?

The Football Factory.

Dein Lieblingsbuch?

Zurzeit mein Spanischwörterbuch.

Dein Lieblingssong?

Jetzt gerade: Kingston Town von UB40.

Dein Lieblingsort auf St. Pauli?

Da gibt's so viele. Ich freue mich immer, einfach im Viertel unterwegs zu sein.

Curtis' Lieblingsort?

Ganz eng neben mir.

Dein Lieblingsessen in Hamburg?

Alles im Olympischen Feuer im Schanzenviertel.

Dein Lieblingsessen auf Mallorca?

Fleisch vom Tischgrill, Pimientos de Padrón und Paella.

Wo ist Dein Zuhause?

In Hamburg. Aber hier fühle ich mich auch sehr wohl.

Was tust Du, wenn Du Heimweh hast?

Hatte ich noch nie.

Willst Du dem Präsidium des FC St. Pauli noch irgendwas sagen?

Nein. Und wenn doch mal was ist, rufe ich Oke* eben an.
(*Oke Göttlich, Präsident)

Willst Du dem HSV irgendwas sagen?

Wir sind Stadtmeister! Alles andere behalte ich lieber für mich.

AUF DEM SOFA

PAUL KUSSMANN, 33
RUFUS, 5
MIX

BAMBI IM HUNDEFELL

RUFUS VERHÄLT SICH IMMER NOCH wie ein Kleinkind, ein bisschen dusselig einfach. Wenn man nicht aufpasst, rennt er ohne zu gucken über die Straße. Aber der Hund hat Paul verändert, zweifellos. Irgendwie wird er das Gefühl nicht los, dass Rufus mehr versteht, als man ihm zutraut.

Rufus wurde im April 2011 in Rumänien auf der Straße geboren. Als er drei Monate alt war, wurde er kastriert.

Kastriert? Papa, was ist kastriert?

Nach einem Jahr im Franziskus Tierheim kam er zu meiner Freundin Maike.

Maike. Mama Maike.

Ich kam erst 2015 zur Familie, als ich Maike kennenlernte.

Nein! Du warst schon immer mein Papa!

Rufus war tatsächlich sofort auch mein Hund. Und er hat mich verändert. Es ist, als wäre ich durch ihn ganz plötzlich erwachsen geworden.

Erwachsen? Was ist erwachsen?

Rufus wird nie erwachsen werden. Er ist so früh kastriert worden, dass er keine Chance hatte, aus dem Welpenalter rauszukommen. Er verhält sich im Prinzip immer noch wie ein Kleinkind. Er ist immer ein bisschen taumelig, im Körper und im Kopf.

(Rufus ist drauf und dran, einfach so über die Straße zu rennen. Als Paul ihn am Halsband festhält, setzt er sich wie ein Baby im Krabbelalter auf sein Hinterteil und schaut Paul an. In diesem Moment schwappt eine Welle aus Gefühl von Hund zu Mensch, die kaum auszuhalten ist.)

PICT
URE

GRAFFITI!
Respect the Bowl

Und wenn er Hunde trifft, die er nicht kennt, weiß er nicht, was er machen soll. Da wird er so nervös und verunsichert, dass er auf die zurennt, bellt, die Lefzen hochzieht, das Fell aufstellt. Das ist, als würde ich schreiend auf jeden Unbekannten zurennen und mit den Händen fuchteln. Das ist uncool. Das macht man nicht.

Hallo! Hallo? Kenn ich dich? Kenn ich den? Kenn ich das? Weiß ich nicht! Weiß ich verdammt noch mal einfach nicht! (fällt fast über seine Füße)

Nachts fällt er ja auch gerne mal aus seinem Ohrensessel.

Kann ich da rausfallen?

Er vergisst einfach, wie hoch der eigentlich ist. Dann rumst das plötzlich in der Wohnung.

Mhm. Dann rumst das immer so. Dann bin ich hingefallen.

Was er richtig hasst, ist Autofahren, da macht er das bockloseste Gesicht der Welt.

Boah, mir wird dabei so schlecht.

Er ist ein Naturromantiker. Kann ewig auf einer Wiese sitzen und den Sonnenuntergang anschauen. Es ist wirklich wahnsinnig schön, ihn in der Natur zu erleben, deshalb fahren wir viel raus, meist in die Boberger Dünen. Dann rennt er wie ein Irrer, da merkt man, dass bei ihm vermutlich ein Windhund seine Finger im Spiel hatte. Was auch super ist: auf die

Horner Rennbahn gehen. Das macht ihm Spaß, das entspannt ihn, da trifft er Hunde, die er kennt, und dann wird gerannt.

Ja! Felicitas! Da treff ich Felicitas!

Felicitas ist seine beste Freundin. Im Tierheim hat er mit einem Dalmatiner zusammengelebt. Dalmatiner ziehen die Lefzen hoch, wenn sie sich freuen. Das hat Rufus sich abgeguckt. Sieht dann immer aus, als wäre er voll bissig, wenn er sich freut. Dabei ist er ein Bambi in Großer-Hund-Verkleidung.

(Oder, wie er so die Straße entlangläuft, mit nach innen gedrehten Pfoten, die bei jedem Schritt mit den Ohren um die Wette fliegen: Ist das vielleicht Rantanplan? Der Hund von Lucky Luke?)

Zu Hause steht er gerne am Balkongeländer und schaut runter. Und wenn ich dann nach Hause komme, freut er sich wieder wie ein kleines Kind.

Oh Gott, oh Gott, oh Gott, Papa ist da, Papa ist da, Papa ist da! Meine Mama, mein Papa und ich. Besser geht das nicht.

Nachts bellt er manchmal aus Versehen, obwohl er weiß, dass er das nicht darf, wegen der Nachbarn. Danach fällt ihm das dann wieder ein, und dann murmelt er irgendwas vor sich hin, was vielleicht so viel heißt wie: „Schuldigung, Schuldigung, ich hab schon wieder gebellt."

Nein, das soll heißen: Ich hab da was gehört, könnt ihr mich bitte beschützen?

Hello
my name is

VESNA RÜTH, 53
MOLLY, 1
JACK-RUSSELL-NACHBARSHUND-VERMUTLICH-DACKEL-MIX

FRAU RÜTH MAG NEBEL

FRAU RÜTH VERKAUFT VERGNÜGEN. Sitzt auf dem Heiligengeistfeld in ihrem Kassenhäuschen vor dem Dom Dancer und lässt die glitzerbunten Gondeln des Fahrbetriebs wirbeln. Im Winter wird es kalt in ihrem Häuschen. Aber sie hat ja Molly, die sich von hinten an sie heranschmiegt. Ein Nierenwärmer auf vier Beinen.

Ein Rummelplatz außerhalb der Öffnungszeiten hat immer eine besondere Atmosphäre, und eigentlich ist er dann am schönsten. Über den schrillen, bunten, lauten Hamburger Dom zu laufen, kann zwischen 15 und 22 Uhr Höchststrafe sein, aber vor 15 Uhr ist es, als würde man in Poesie baden. Als wäre man auf dem Weg zum Zauberer von Oz, aber eben nur auf dem Weg dahin. Wenn die Illusion außer Betrieb ist, wenn keine Luftballons fliegen und keine Hexen kreischen und wenn es zwischendrin plötzlich irgendwo unverhofft glitzert, dann ist das, als würde einen das Abenteuer zart von der Seite anlächeln.

„Wir verkaufen Vergnügen", sagt Frau Rüth und steht vor ihrem Dom Dancer, einem der Traditions-Tempo-Karusselle vom Hamburger Dom.

Der Dom Dancer hat vier mal vier Gondeln, die sich in wilder Fahrt drehen können, natürlich auch noch umeinander. Eins von diesen Dingern also, von denen jedem, der über fünfundzwanzig ist, schon beim Hinsehen schlecht wird. In der richtigen Phase des Lebens ist so ein Dom Dancer aber natürlich der Knaller. Und man kann mit Haltung durch die Luft wirbeln. Bei den Formel-1-Gondeln kann man zwischen Ferrari, Mercedes, BMW und Renault wählen, bei den Musik-Gondeln zum Beispiel zwischen Reggae und Wacken, bei den Fußball-Gondeln selbstverständlich zwischen FC St. Pauli und HSV, oder zwischen BVB und Bayern München. „In die Bayern-Gondeln steigen die Hamburger nur widerwillig ein", sagt Frau Rüth.

Sie fand den Dom schon als junges Mädchen toll. Das Glitzern, die Farben, die Musik. Und als sie dann nach dem Abitur ihren Mann kennenlernte, den Sohn vom Dompapst Willy Rüth, da hat das natürlich

DOM DANCER
Hamburger DOM
DAS HERZ VON HAMBURG
15
DOM Dancer

gepasst, als sie irgendwann erfuhr, dass der Mann, in den sie sich verliebt hat, einer Schaustellerfamilie entstammt. Drei Wochen im Jahr verbringt sie in ihrem Haus in Othmarschen, in dem auch ihre Eltern und teilweise noch die erwachsenen Kinder wohnen. Den Rest des Jahres schläft sie im familieneigenen Wohnwagen, denn die Rüths sind ja nicht nur auf dem Hamburger Dom, sondern auch noch auf anderen Rummelplätzen.

Der Wohnwagen steht in einem fast undurchdringlichen Labyrinth aus großen, komfortablen Trailern, das sich zu Domzeiten hinter den Fassaden der Fahrgeschäfte übers Heiligengeistfeld erstreckt. Frau Rüth mag es, im Wohnwagen zu sein, ganz dicht an ihrem Fahrgeschäft. Und wenn sie das Geschäft fährt, schmeißt sie die Nebelmaschine an. Frau Rüth macht mehr Nebel als jeder andere. Sie liebt den Nebel. Denn im Nebel funkeln die Lichter noch schöner, als sie es so schon tun.

Molly sitzt vor dem Dom Dancer und guckt. Es ist kurz nach elf Uhr am Vormittag. Nicht ihre Zeit. Normalerweise liegt sie jetzt gerade bei Oma und Opa auf der Couch in Othmarschen und wird gestreichelt, von Oma oder Opa. Danach gibt es was zu essen, und dann, gegen viertel vor eins, geht es mit Opa zum Jenischpark und zurück. Jeden Tag. Wenn es regnet, wird Molly von Opa getragen. Unterm Schirm.

Als Frau Rüths Vater vor 15 Jahren plötzlich sehr krank wurde, haben sie eine kleine Jack-Russell-Hündin zu sich genommen, Happy. Happy war ein Glück und für Opa wie eine Medizin. Mit ihr ging es ihm schlagartig besser. Als Happy mit 12 Jahren starb, war das eine Katastrophe für alle. Aber dann kam irgendwann Molly. Jetzt ist Molly Opas Liebling.

Molly sitzt gerne bei Frau Rüth im Rücken, sie sitzt prinzipiell gerne bei Leuten im Rücken, wie eine Art Nierenwärmer. Das ist eine gute Sache, so ein mobiler Nierenwärmer, gerade im Kassenhäuschen kann es im Winter ja auch mal ordentlich schön kalt werden. Auf dem Hamburger Dom gibt es ungefähr neunzig Hunde, viele sind nicht viel größer als Molly, aber auch ein paar große sind dabei, die wahrscheinlich weniger als Nierenwärmer fungieren, eher als Wachhunde.

Molly hat es nicht nötig, etwas zu bewachen. Molly ist auf Du mit der Polizei. Sieht man sofort. Kommt die Polizei vorbei, kuschelt sich Molly da ans Bein. Sie weiß instinktiv, wer wichtig ist auf dem Heiligengeistfeld. Dabei ist Molly wirklich eher ein Othmarschen-Hund als ein St.-Pauli-Hund. Das sieht man ihr so richtig an. Wie sie da sitzt und eine spitze Schnauze macht. Wie eine feine Dame, die gar nicht so recht weiß, wie das jetzt passieren konnte, dass sie hier gelandet ist. Vielleicht: wie Alice im Wunderland?

SANDRA BRANDT, 40
DJANGO, 7
MOPS
ELMO, 9
BOXER-MIX

YOU AIN'T NOTHING BUT A HOUND DOG

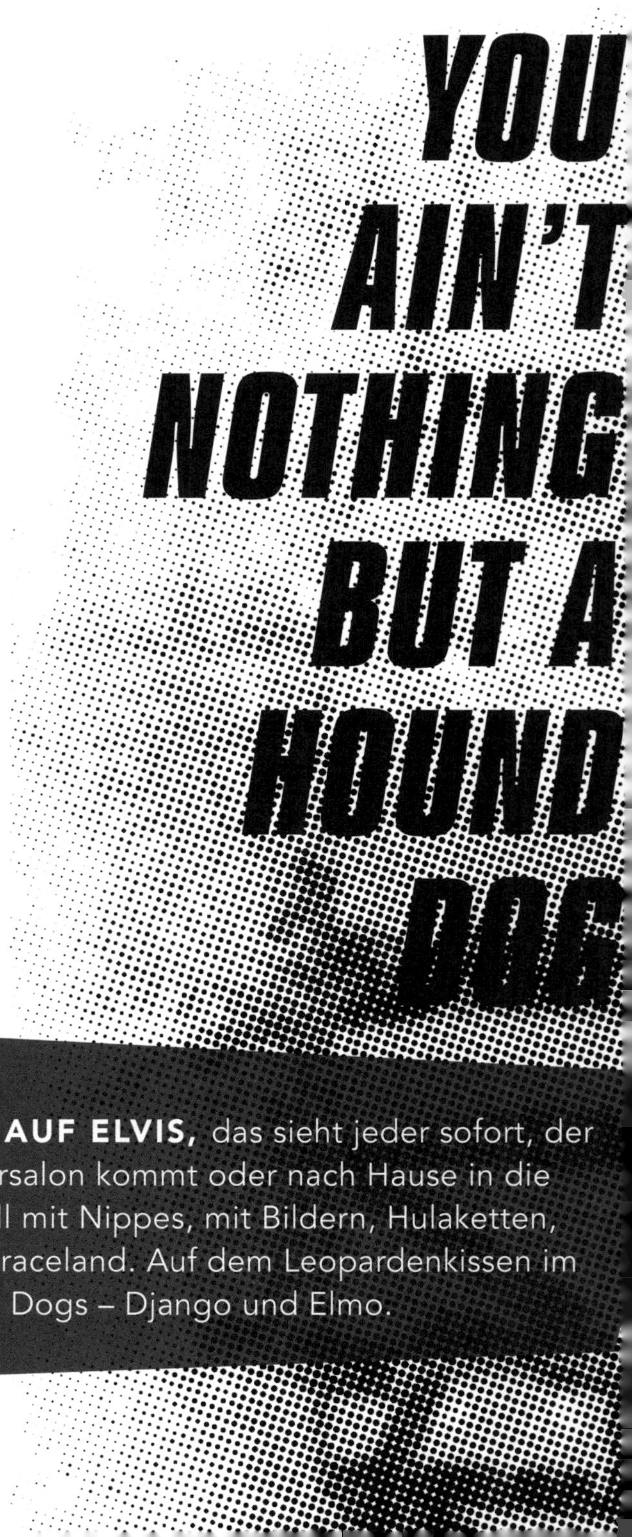

SANDRA STEHT AUF ELVIS, das sieht jeder sofort, der zu ihr in den Friseursalon kommt oder nach Hause in die Wohnung. Alles voll mit Nippes, mit Bildern, Hulaketten, eine Art Miniatur-Graceland. Auf dem Leopardenkissen im Fenster ihre Hound Dogs – Django und Elmo.

BARBICIDE

Sandras Friseurladen ist ein Ort voller Musik, die gar nicht unbedingt laufen muss, damit man sie hört. Denn die beiden kleinen Räume, in denen man sich die Haare machen lassen kann, sind ein einziger, nicht enden wollender Elvis-Song.

In the Ghetto auf der Straße.
Viva Las Vegas beim Reinkommen.
Blue Suede Shoes beim Anblick von Sandras grundsätzlich sehr cooler Klamotte.
Devil in Disguise, wenn man sich mit einem Handtuch auf dem Kopf plötzlich selber so harmlos vorkommt.
There Goes My Everything beim Haareschneiden.
I Just Can't Help Believin', wenn man sich dann im Spiegel betrachtet und verdammt gut aussieht.
Flaming Star beim Rausgehen, wenn sich alle nach dieser unglaublich gut frisierten Tolle umdrehen.
Walk a Mile in My Shoes, Leute.

Und das ist nur das Gefühl.
Tatsächlich ist Sandras Laden, die Kiezschnitte, so eine Art Miniatur-Graceland. Ein privates Memphis, vollgestopft mit Elvis-Bildern, Elvis-Devotionalien und Hulaketten. Eine sehr bunte Ecke aus einer Zeit, als die Welt noch ein Schwarz-Weiß-Film war. Die Chefin steht mit perfekter Sixties-Frisur hinterm Stuhl und schneidet halb St. Pauli die Haare. Manche kommen aber auch aus dem Ruhrgebiet, aus Frankfurt oder Berlin zu ihr. Manche lassen sie gleich nach Wien einfliegen, wenn man zu sechst ist, lohnt sich das ja.

KING
Who died...
and made you

Elvis Presley, seine Musik, das Knistern der Platten, dieser spezielle Style, das ist für Sandra seit ihrer Kindheit das, was sie gut findet. Schon als kleines Mädchen hat sie jedem neuen Barbie-Ken erst mal mit Edding Koteletten unter die Kunststoffhaare gemalt. Als großes Mädchen fing sie an, alles zu sammeln, was mit dem King of Rock'n'Roll zu tun hat. Inzwischen muss sie nicht mehr sammeln. Die Leute tragen den Elvis-Kram zu ihr. Sandra stellt ihn dann zu Hause und in ihrem Laden auf.

Und am Fenster, auf den Leopardenkissen, liegen gerne mal die Hound Dogs. Django, dieser kleine, aber ungewöhnlich erwachsen wirkende Mops, der auf große Blondinen steht, am liebsten mag er so Labradordamen. Er ist nachdenklich, melancholisch und manchmal etwas divenhaft. Er kam als Welpe zu Sandra, und als sie Elmo vor fünf Jahren am Flughafen abgeholt haben, den Kindskopf, hat sich dieser große Hund direkt am kleinen orientiert.

Elmos Bild war plötzlich in einer Notfallgalerie im Internet aufgetaucht. Einer Galerie für Windhunde, Sandra war so am Durchblättern. Und da war dann eben diese Plattschnauze. Elmo war als Notfall deklariert, weil er großen Kummer hatte – und aufgehört hatte zu essen. Er hatte mit seiner Schwester in Spanien auf der Straße gelebt, sie sind beide zusammen nach Deutschland geflogen worden, die Schwester wurde dann schnell vermittelt.

Elmo nicht. Elmo ist eben erst auf den zweiten Blick niedlich, dann aber fast heartbreaking.
Heartbreak Hotel Elmo.
Der keinen Hunger mehr hatte, ohne seine Schwester.

Seit er mit Django und Sandra zusammen ist, geht's auch wieder mit dem Essen. Geht alles wieder, da geht sogar hau drauf, Konfetti! Elmo ist ein fröhlicher Hund.

Sie sind ein schräges Trio, die Elvis-Frau, der ernsthafte Mops und der erniehafte Straßenhund, dem die Sonne aus dem Gesicht scheint. Die drei sind 24 Stunden zusammen, rund um die Uhr. Nur neulich, als Sandra für fünf Tage in London war, waren sie mal getrennt. Das hat Sandra fast das Herz gebrochen.

Sandra arbeitet wahnsinnig viel, der Terminkalender ihres Friseursalons ist immer brechend voll.
„Ich arbeite nur so viel, damit ich später ein Leben mit vielen Tieren führen kann", sagt sie. Ganz viele Tiere, denn die Tiere sind das Allerwichtigste. Ihr Trinkgeld geht immer direkt in den Tierschutz und in die Tierheime.

Am Abend, wenn sie den Salon schließt, fällt einem dazu lediglich Folgendes ein:
Elmo has left the building.
Django auch.

HUNTER
HUNTER

BOXER-MIX ELMO, 9 JAHRE

MACHÈRE-RENÉE CASTANIER, 47

LADY, 12

EINE ART ZWERGPINSCHER

BULLSHIT-RADAR

WER ZU MACHÈRE IN DEN SALON WILL, muss an Lady vorbei. Ein Zwergpinscher, aber nicht nur, ein bisschen Terrier ist auch dabei. Passt zu Machère, die auch mehr ist, als der erste Blick verrät. Wer sich bei den beiden nicht anständig benimmt, muss auf eine Überraschung gefasst sein.

Machère hatte mal ein Pferd, aber das lebt jetzt bei einem Freund auf einem Schloss.
Dafür hat Machère nun Lady.

Lady hätte eigentlich ein Zwergpinscher sein sollen, aber es ist wohl auch Terrier mit drin, und weil der Terrier einen Jagdtrieb hat, ist Lady ein bisschen kläffiger als geplant.

Lady wird oft gebissen.

Machère bringt das aber wieder in Ordnung. Drückt dem kleinen Hund auch mal eine eiternde Wunde aus. Lady hält was aus, findet Machère.

Außerdem gibt es ja diese klare Rudelhierarchie. Lady schnallt die aber nicht immer. Begreift manchmal einfach nicht, wer hier der Chef ist. Machère ist der Chef.

Machère hat einen Friseursalon und einen Laden für Vintage-Klamotten, weil sie schlau ist: Keiner kann sein Leben lang als Friseurin arbeiten, irgendwann macht die Haut an den Händen Probleme oder der Rücken. Machère macht dann den Salon einfach zu und nur noch auf Vintage.

Lady liegt im Salon in der Regel beim Kunden. Und Lady ist die natürliche Auslesemaschine, der Bullshit-Radar: Wenn Leute hier reinwollen, die nicht reinpassen, dann werden die sofort weggebellt.

Die Leute gehen dann auch sofort. Vielleicht haben sie Angst davor, was passiert, wenn Machère anfängt zu bellen.

Machère bellt nicht.
Machère macht lieber ihr Ding.

Sie wurde als Mann geboren, lebt aber seit ein paar Jahren als Frau. Als schwule Frau. Nicht, dass da irgendjemand irgendwas verwechselt. Bevor sie Friseurin wurde, hat sie fünfzehn Jahre in der Pflege gearbeitet, in Krankenhäusern und in Seniorenresidenzen. Sie hat sich um die Menschen gekümmert und sie hat sie sterben gesehen.

Machères Laden hat die Attitude eines Schlosses aus dem britischen Empire:

Es gibt pinkfarbene Volants über dem Fenster.
Es gibt glitzernde Friseurstühle und verrückte Perücken.

Die goldgerahmten Spiegel sind mit Ornamenten in rosa oder braun verziert.
Ein einziger, großartiger Knicks vor dem Adel.

Machère kann mit althergebrachten Werten viel anfangen, mit *das gehört sich* und *das gehört sich nicht*. Und gleichzeitig ist sie ihr eigenes Wertesystem und lässt sich nicht gern was sagen. Sie ist eine schillernde, faszinierende Legierung, ist Königin, Punk und Domina zugleich, und auf diese schwer benennbare Stelle zwischen Dekolleté und Hals, aufs zerbrechliche Niemandsland zwischen Kopf und Körper, hat Machère sich LADY stechen lassen.

An einer Bilderwand im Salon hängen, in vielen kleinen goldenen Rahmen, Charlie Chaplin, Frank Sinatra, Laurel & Hardy, Audrey Hepburn, Marilyn Monroe, Elvis Presley, Marlene Dietrich, Rock Hudson, Judy Garland, Ginger Rogers, Fred Astaire, Paul Newman, Grace Kelly, Ava Gardner.

So elegant.

Aber wenn der Kunde nicht stillhält, wird er auch mal mit der Haarbürste gehauen.

IN MY DREAM I'VE KISSED HER LIPS...

GROSS-
STADTLÖW

von OLAF KANTER
Fotografie JULIA MARIE WERNE

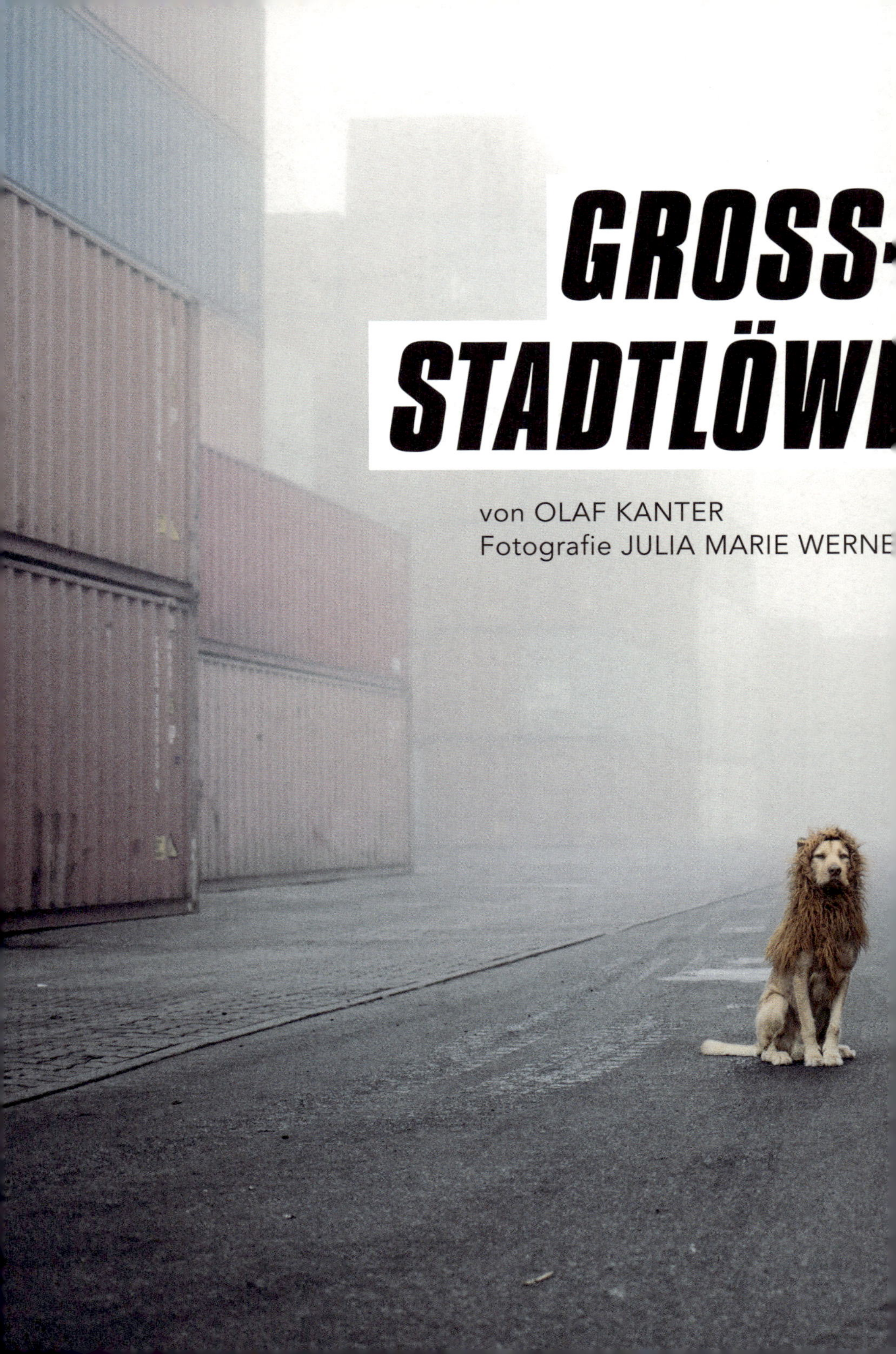

Tschikko braucht eine Aufgabe, und die Fotografin Julia Marie Werner will ihre Stadt besser kennenlernen. Weil beide ein besonderes Talent mitbringen, wird es mehr als nur ein Spaziergang durch Hamburg.

Der Löwe sitzt auf dem Asphalt zwischen Stapeln von Containern, die bis in den Himmel ragen. Allerdings hängt der heute auch besonders tief, es ist ein nebliger Tag, ungemütlich und kalt, Herbst in Hamburg eben. Der Löwe scheint zu frösteln. Aber er ist hier zu Hause, das ist sein Revier, er ist der Großstadtlöwe. Das Haupt hoch erhoben schaut er in die Kamera.

Nur Sekunden später donnert ein riesenhafter Gabelstapler an Tschikko vorbei, einen 60-Fuß-Container in den Klauen. Der Löwe fixiert die Fotografin, unbeirrt, ohne mit der Wimper zu zucken, nur ihr gilt seine Aufmerksamkeit, die Maschine bringt ihn nicht aus der Ruhe.

Es ist für Tschikko ein Spiel, aber das sieht der Betrachter erst auf den zweiten Blick, weil der Löwe so überzeugend wirkt. Aus der Entfernung ist nur schwer zu erkennen, dass die Mähne aus langen Wollfransen besteht, dass in dem Löwen ein anderer steckt, Tschikko nämlich, ein sechs Jahre alter Mischling, wahrscheinlich halb irischer Terrier, halb chinesischer Shar Pai, so genau kann man das nicht sagen. Auf jeden Fall hat er Gene geerbt, mit denen ihm die Illusion perfekt gelingt. Sein Fell: kurz und struppig und braun wie die Savanne. Die Schnauze: genauso lang und kräftig, wie es sich für ein Löwengesicht gehört. Und dann die Augen: ein leuchtendes Bernsteinbraun, ungewöhnlich hell. Wenn Tschikko einen anschaut, nimmt man ihm den Löwen ab.

Als sich die Fotografin, Julia Marie Werner, Jahrgang 1982, und Tschikko das erste Mal begegnen, ist vom König der Tiere allerdings noch nichts zu ahnen. Sie ist auf einem großen Foto-Shooting in Spanien, Aufnahmen für eine Audi-Werbekampagne, und als das Team mittags beim Essen sitzt, stöbert ein zerzauster, abgemagerter Welpe in den Mülltonnen nach Futter. Ein spanischer Mitarbeiter im Team nimmt einen Stock und verscheucht den Hund. „Wie er da so jaulend weglief", sagt Julia, „hat es mir fast das Herz gebrochen." Sie schwört sich: Wenn er zurückkommt, ist das mein Zeichen, dann werde ich mich um ihn kümmern. Wenn er sich wieder zu uns traut, dann behalte ich ihn.

Eine Viertelstunde später liegt das magere Kerlchen neben dem Fototeam im Schatten eines Lastwagens. Julia ist eine Frau, die auch macht, was sie sich vorgenommen hat. Mit Wasser aus einer Regentonne wäscht sie den Hund, sie besorgt Medikamente für eine Wurmkur, zieht ihm die Zecken aus dem Fell. „Und dann sah er einfach zuckersüß aus. Ich habe ihn vom ersten Augenblick geliebt", sagt Julia. Tschikko nennt sie ihn, nach dem spanischen chico, Knirps, junger Bursche. Später beobachtet sie ihn, wie er herumtollt und Schmetterlinge jagt. Wie der kleine Simba im Film, denkt Julia, wie im „König der Löwen".

Und da ist er zum ersten Mal, dieser Gedanke. Tschikko, der verstoßene, verwahrloste Streuner aus Spanien, ist in Wahrheit ein Löwe. Wenn man sich auf das Spiel einlässt, erkennt man das sofort, oder? Nur klingt Tschikko als Name dann eigentlich nicht royal genug. Julia schenkt ihm als zweiten Vornamen den königlichen „Leopold", was so viel bedeutet wie „der Kühne aus dem Volk" und gleichzeitig auch den Löwen anklingen lässt. Dann hängt sie noch ihren eigenen Nachnamen hinten dran und erhebt den Straßenhund in den Adelsstand: Tschikko Leopold von Werner.

Der Löwe thront auf einem Stromverteiler, der Kasten ist mit Graffiti bekleckst, im Hintergrund das Stadion des FC St. Pauli. Rücken und Schwanz gestreckt, Brust raus, die Beine durchgedrückt, wie man das von Denkmälern kennt. Der Braunschweiger Löwe zum Beispiel, der sieht genau so aus. So eine Haltung zeigt, wer keinen Zweifel spürt. Vor uns steht der König der Stadt.

Allerdings zeigt eine Kamera ja immer nur einen winzigen Ausschnitt der Wirklichkeit, sie friert einen Augenblick ein, der so vielleicht nie wieder kommen wird. Der Bruchteil einer Sekunde nur, klick, und schon ist dieser Moment vorbei. Tschikko war brav auf die Box gesprungen, Julia hatte durch den Sucher geschaut, und dann kam plötzlich diese sanfte Brise. Tschikko streckte sich, nahm Witterung auf, die Nase im Wind. Julia drückte auf den Auslöser.

Die Rückkehr aus Spanien hatte sie sich anders vorgestellt. Die Stuttgarterin will nach Hamburg umziehen, hatte sich ein Zimmer in einer WG besorgt, doch ihre künftigen Mitbewohner sperren sich gegen den Vierbeiner. Wollen sie nicht, keine Chance. Mehr als siebzigtausend Hunde gibt es in Hamburg, also mehr, als eine mittelgroße Stadt Einwohner hat, Weimar zum Beispiel oder Brandenburg oder Lüdenscheid. Und sie gerät ausgerechnet an eine WG, die ihren Tschikko nicht will. Und jetzt?

Vorübergehend kommen die beiden in einem ehemaligen Seemannsheim unter, teilen sich ein winziges Zimmer in Winterhude. Erst im Jahr darauf findet sie in Eimsbüttel eine eigene Wohnung. Zu viel mehr kommt sie in der ersten Zeit nicht, Tschikko braucht ihre volle Aufmerksamkeit. Es fällt dem Streuner nicht leicht, sich in seinem neuen Leben zurechtzufinden. „Wir mussten regelrecht Alltag lernen", sagt Julia. Tschikko ist ängstlich, sehr nervös, wer weiß, was er als Welpe erlebt hat. Er braucht klare Ansagen, feste Routinen, Sicherheit.

Julia kommen Zweifel. „Anfangs hat nichts geklappt. Wie oft habe ich gedacht: Das packe ich nicht." Eine Hundesitterin, die sie im Park trifft, gibt ihr schließlich einen Rat, der alles verändert. „Hast du schon mal versucht, ihm Tricks beizubringen? Dein Hund braucht eine Aufgabe."

Der Löwe ist im Untergrund angekommen, auf vierundzwanzig Metern Tiefe, am Fuße des Fahrstuhlschachts im alten Elbtunnel. Auch diese Röhre gehört zu seinem Reich, und nirgendwo wird die Widersprüchlichkeit seiner Existenz deutlicher als hier. Der König der Tiere und dieses Wahrzeichen der Ingenieurbaukunst. Der Großstadtlöwe posiert mit dem Fahrstuhlführer, dem Mann ist der Stolz über diese seltene Begegnung anzusehen.

Im Tunnel erlebt Julia, was sie später noch so oft feststellen wird, wenn sie mit Tschikko durch die Stadt streift. Als Künstlerin will sie gestalten. Kulissen schieben, das perfekte Licht suchen, Tschikko in Szene setzen. Doch wo immer er mit seiner Mähne auftaucht, wo die Menschen den Großstadtlöwen erkennen, schafft er seine eigene Wirklichkeit. Er kapert Aufmerksamkeit, weckt Neugier, er zieht an, er provoziert zum Mitmachen. Im Tunnel hat Julia Fotos von der langen Flucht der Röhre gemacht, vor Kacheln, in denen sich das Licht so schön spiegelt. Hin und zurück sind sie gelaufen, zweimal unter der Elbe durch. Aber dann

EINGANG 4
Block C+D / G 1-3

Captain Morgan
EINGANG 5
Block C+D / G 1-3
EINGANG 6
Block C+D / G 1-3
LOKO
TUKS

2
HALT
wenn Türen in Bewegung

kam der Mann, der den Fahrstuhl bedient. Und sein Strahlen kam besser als jeder Lichteffekt.

Tricks also, eine Aufgabe. Aber wie soll die aussehen? Der Zufall hilft, wie so häufig in dieser Geschichte, er meint es wirklich gut mit ihren Protagonisten. Eine Freundin stöbert im Internet nach skurrilen Artikeln für ihren Laden. „Guck mal", sagt sie und zeigt Julia einen Online-Katalog mit seltsamen Kostümen für Hunde. Hörner zum Aufsetzen, einen blauroten Anzug aus Lycra für den Superhund, nur Ramsch eigentlich. Doch bei Julia keimt ja bereits dieser Gedanke. „Haste nicht irgendwo so was wie 'ne Mähne gesehen? Also für einen Löwen?"

Eine Mähne? Nee. Aber sie hat noch dieses Vlies aus braunen Wollfäden, wenn man das geschickt zusammenfügt, sieht es vielleicht aus wie eine Mähne. Die beiden stricken und basteln und nähen. Aus dem Vlies wird eine Haube, als Abschluss dient eine Art Stulpe. Brav erträgt Tschikko immer neue Anproben. „Wir haben uns Löwenfotos angesehen, zum Vergleich", berichtet Julia. „Und irgendetwas passte nicht. Hat eine Weile gedauert, bis wir kapiert haben, dass die Mähne bis auf die Brust reicht, wir mussten sie nach unten noch mal verlängern."

Der Löwe vor der bekanntesten Adresse in St. Pauli. Eine schwarze Tür, rechts und links die gespreizten Beine einer Frau, in Nylons und roten High Heels. Die legendäre Ritze, unten Boxkeller, oben Kneipe. Der Großstadtlöwe sitzt vor der Tür, das schwarze Rechteck zwischen den Beinen fest im Blick. Sein Kiez, sein St. Pauli. Aber die Szene sagt auch: Was ist das denn? Was geht denn hier ab?

Julia wartet den Moment ab, bis sie alleine vor der Ritze sind, keine Touristen, keine Kundschaft. „Wenn ich mit ihm alleine bin", sagt sie, „funktioniert es am besten. Er ist sonst so schnell abgelenkt." Sie positioniert Tschikko vor der Tür, Schnauze in Richtung Kamera. Sie macht auch mit dem Handy ein Bild und schickt es ihrem Freund. Er antwortet sofort: „Das geht so nicht, der Hund sitzt doch falsch herum." Stimmt. Das Bild ist viel stärker, wenn er hinein schaut, nicht heraus. So erst wird die Neugier sichtbar, das Verlangen.
Julia verbindet zwei Vorhaben: Sie muss endlich diese Stadt besser kennenlernen, und sie will Tschikko teilhaben lassen an ihren Expeditionen, er soll seine Tricks lernen. Was liegt da näher, als ihn ins Bild zu setzen, wenn sie zusammen die Sehenswürdigkeiten erkunden? „Zum Glück findet er nichts besser, als irgendwo raufzuspringen", erzählt Julia. „Brauchte keine große Überredungskunst, ihn für meine Fotos posieren zu lassen."

Es entstehen Ansichten von Hamburg, wie man sie noch nicht gesehen hat – die Stadt als Revier des Großstadtlöwen. Julia und Tschikko zieht es vor allem ans Wasser, an die Landungsbrücken, an den Elbstrand, zum Fischmarkt. Ein Freund ruft sie an, als die Große Elbstraße bei einer Sturmflut unter Wasser steht. Auch das ist neu für Julia und Tschikko: Der Fluss läuft über, die Stadt kriegt nasse Füße. Julia auch, sie hat noch keine Gummistiefel und patscht in ihren Lederschuhen hinter Tschikko her, dem es nichts ausmacht, dass er bis zum Bauch im Wasser steht. Er turnt auf einen Poller und hebt das Kinn. Die Denkmalpose, im Hintergrund die alte Fischauktionshalle, perfekt.

Warum die Fotos so gut funktionieren? Es ist kein komplizierter Aufbau, keine komplexe Inszenierung. Ein Hund mit einer Perücke vor Hamburger Kulisse. Doch es wirkt, der Gegensatz entlockt bei jedem

Hacker-Pschorr
Hacker-
ZUR

norr
Hacker-Pschorr
Der etwas andere
Rundgang
Der original
St. Pauli
Nachtwächter
TIEGERVOGEL
& AAL FATAL
Die GROBE KIEZSAUSE
in den GASSEN VON ST. PAULI
WWW.VOGELAAL.DE
KOREAN NIGHT
samstag 28.Juni 2014
moondoo Basement

Betrachter ein Lächeln. Der Löwe, die große Stadt, man sieht bekannte Landmarken mit neuem Blick. Und der Löwe ist natürlich Sympathieträger, keine Arroganz, kein Alpha-Gehabe, das Gesicht eher erstaunt, manchmal ein bisschen melancholisch. Guckt mal, hier stehe ich. Und das ist meine Stadt.

Der Löwe fährt Rolltreppe. U-Bahnhof Jungfernstieg, klinisch weiße Wandverkleidungen, grelles Kunstlicht. Es geht abwärts, mit den Vorderpfoten steht der Löwe eine Stufe tiefer als mit den Hinterpfoten. Rolltreppe fährt er nicht so gern, das merkt man. Ich ziehe das jetzt durch, sagt sein Gesichtsausdruck. Den Rest könnt ihr euch denken.

Julia räumt ein: „Da musste ich ihn mit Wurst bestechen. Rolltreppen waren ihm anfangs unheimlich." Und sie sind natürlich nicht nur einmal gefahren. Runter und wieder rauf, runter und wieder rauf, Julia vorweg, Tschikko ein paar Meter weiter oben auf der Treppe. Nicht so einfach, einen Moment im Treppenverkehr zu erwischen, wo genau die richtige Anzahl Menschen in einer passenden Entfernung vorbeifährt. Sie brauchen etliche Anläufe. Tschikko erträgt es.

Das Zeitfenster für Julia ist allerdings nie besonders groß. Tschikko hat Spaß an seiner Aufgabe, aber länger als zehn bis fünfzehn Minuten darf es nicht dauern, dann schweift seine Aufmerksamkeit ab, dann ist die Konzentration flöten. Und so ein Großstadtlöwe darf natürlich nicht plötzlich mit dem Schwanz wedeln oder am nächsten Laternenpfahl schnuppern. Das erlaubt die Würde seiner Stellung nicht, er muss fürs Foto Löwe bleiben, darf nicht aus der Rolle fallen. Erst wenn das Bild im Kasten ist, darf er wieder Hund sein.

Sobald Julia ihn von der Leine lässt, ist er weg. Ein Spaziergang mit Tschikko ist deshalb eher ein Warten, dass er wieder auftaucht. Er genießt es, wenn er in seinem eigenen Tempo flanieren kann. Hier schnüffeln, da das Bein heben, Streuner eben, er hat alle Zeit der Welt. Doch Julia will weiter. „Komm Tschikko, auf! Hier ist die Wurst!"

Der Löwe besucht den Hamburger Dom. Legt sich vor das Riesenrad, quer zur Blickrichtung, präsentiert seine eindrucksvolle Mähne. Später schaut er bei der Bude vorbei, wo man mit Bällen auf Dosenpyramiden werfen kann. Springt auf die Theke und posiert vor den quietschbunten Auslagen. „Jeder Spieler bekommt einen Trostpreis", verspricht das Schild schräg über seinem Kopf. Und schon kommt Kundschaft.

Julia ist extra früh auf den Dom gegangen, damit ihr nicht so viele Leute durchs Bild laufen, und eigentlich darf Tschikko auch gar nicht mit auf den Rummel, Hundeverbot. Aber die Besitzerin der Schießbude drückt ein Auge zu und macht den Spaß mit. Es ist ein nieseliger Tag, wieder einmal, und trotzdem wimmelt es auf einmal nur so von Menschen. Es werden viele Fotos gemacht von Tschikko an diesem Nachmittag – die Leute sehen den Löwen an der Wurfbude und zücken ihr Handy.

Nach einem Jahr und ungezählten Streifzügen hat Julia genügend Bilder zusammen für eine Ausstellung. Rund zwanzig Motive werden im Großformat aufgezogen, der Großstadtlöwe auf seinen Streifzügen durch die Stadt: auf einem Brückenbogen in der Speicherstadt; in der coolen neuen U-Bahnstation in der Hafencity; zwischen Bierfässern und Limopaletten im Getränkemarkt; im Treppenhaus eines Wohnblocks in der Neustadt. Es ist das Haus, in dem die Vernissage stattfindet, die Schau der Löwenporträts.

EINGANG

burg

Jeder Spieler
Trost-Preis
1-SPIEL 2,50 €
SPIEL 2,50
Regenponchos
Wer mit 3 Wurf eine Pyramide
restlos vom Brett wirft, hat die
Zurückkommende Bälle

Jeder Spieler
erhält einen
Trostpreis!

Ausgerechnet diese Aufnahme macht Tschikko mehr Probleme als all die anderen. Für ihn ist die Treppe nur der reguläre Weg zum Arbeitsplatz, hier kommt er doch fast jeden Tag vorbei, was soll jetzt das Theater? Aber Julia findet es schön, wie die Sonnenstrahlen durch ein Oberlicht über dem Treppenhaus auf die Stufen fallen. Tschikko genau in diesem Licht, das ist es. Stoisch lässt es der Löwe geschehen. Sein Blick sagt: Jetzt mach doch schon.

Der Löwe im Travestie-Club von Olivia Jones. Die Wände in goldenem Glitzer und mit Pseudobrokat tapeziert. Davor liegt, auf dem Rückenpolster einer kirschroten Bank, die Burlesquetänzerin Eve Champagne. Sie trägt ein weißes Korsett, weiße Netzstrümpfe, einen winzigen roten Zylinder und nicht viel mehr. Der Löwe sitzt davor und fletscht seine Reißzähne.

Was das Bild wieder nicht zeigt: „Wir hatten vorher schon ein paar Bilder gemacht, wo wir Eve als Dompteurin ausstaffiert hatten, die ihn mit rohem Fleisch füttert", berichtet Julia. Vielleicht wirkt der Löwe deshalb so happy – er hat sich gerade sattgefressen.

Die Ausstellung ist ein Erfolg, die Bilder kommen bei den Besuchern der Vernissage gut an. „Ich habe dieses Leuchten in den Gesichtern der Leute gesehen", sagt Julia. „Sie haben sich über meine Fotos gefreut." Und viele wollen sich auch zu Hause daran freuen; sie kaufen die Bilder.

Stellt sich also die Frage: Gibt es eine Fortsetzung der Geschichte vom Großstadtlöwen? Tschikko vor der Elbphilharmonie? Oder in den Boberger Dünen? Auf einem Alsterkahn? Die Fotografin ist noch nicht sicher. Für die Künslerin ist die Geschichte erzählt, das Projekt eigentlich abgeschlossen. Andererseits: Sie hat ihn auch schon auf Reisen fotografiert, im Schnee in den Bergen. Unterwegs in Frankreich.

Tschikko in New York, der Großstadtlöwe erobert Manhattan, das könnte sie sich schon vorstellen. Aber wie hinkommen? Den Hund in eine Box sperren und im Bauch des Fliegers verstauen? Kann sie ihm nicht antun. Außerdem fällt die Mähne langsam auseinander, lange macht die es nicht mehr. Könnte man natürlich noch mal flicken. Oder?

Der Löwe am Strand. Irgendwo in Höhe der Strandperle, auf der anderen Seite der Elbe sind die Containerbrücken des Burchardkais zu erkennen. Julia war schon beim Alten Schweden, dem 200-Tonnen-Findling bei Övelgönne. Aber richtig zufrieden ist sie mit ihren Aufnahmen noch nicht. Der Löwe sitzt und langweilt sich, er fängt an zu buddeln. Immer tiefer wühlt er sich in den Elbsand, bis seine Mähne fast nicht mehr zu sehen ist. Ein glücklicher Hund. Klick.

OLIV
SHOW

S
UB

ungeheuer wach!

Border

EL BOCHO
PETE